Zeit für Japan

Reportagen aus einem
unbekannten Land

Gert Anhalt

Inhalt

1 Festtagskimonos zum »Tag des Erwachsenwerdens«. 2 Landesüblicher Vorgarten im Bonsai-Format. 3 Einer der allerletzten Samurai. 4 Pflaumenblüten – Vorboten des Frühlings. 5 Zwei Goldfische in einem Plastikbeutel vor einem Hauseingang. 6 Cool – aber traditionsbewusst. 7 Die berühmte »Brillenbrücke« (megane-bashi) in Nagasaki. 8 Dackelliebe. 9 Leibspeise Sushi. 10 Nickerchen auf Papas Kühlbox. 11 Traditionelle Fassadengestaltung. 12 Garküche der Krautpfannkuchen.

Japan überwältigt. Es verwirrt und gibt Rätsel auf. Immer wieder fordert es heraus – weckt Neugierde, regt die Phantasie an und fordert Geduld.

Wer sich Zeit für Japan nimmt und es entdeckt, wer es bereist und kennenlernt, der wird es entweder lieben oder hassen, wird es bewundern oder belächeln.

Japan wird den Besucher befremden, amüsieren, inspirieren und vielleicht verzaubern. – Nur gleichgültig lassen wird es ihn nicht ...

Menschenaufläufe gewaltiger Art findet man in Japan recht häufig und meist dort, wo es etwas zu bestaunen gibt wie etwa ein Feuerwerk oder ein *matsuri*. In der Stadt Suwa ist das Onbashiri-*Matsuri* ein lohnenswerter Anlass, sich zu versammeln.

Yokoso – Willkommen in Japan!

... so begrüßen uns neuerdings die bunten Plakate des japanischen Fremdenverkehrsverbandes am Flughafen in Tokyo. Eine internationale Kampagne ist ins Rollen gekommen, Japan will sich endlich als Touristenziel etablieren. Bisher hat das nämlich nicht so richtig geklappt. Im Jahr 2003 fanden zum Beispiel nur 93 571 Besucher aus Deutschland den Weg nach Japan, dagegen reisten im selben Zeitraum fast 800 000 Japaner nach Deutschland. Und die meisten dieser Japan-Reisenden waren wohl wie immer Geschäftsleute – eilige Verkaufsstrategen, smarte Manager, Ingenieure und Experten mit wenig Zeit für einen tieferen, ruhigen Blick in dieses bemerkenswerte Inselreich. Japan ist für uns kein sonderlich attraktives Reiseziel. Zu teuer, zu kompliziert, zu weit weg.

Und das Wissen über dieses Land ist außerhalb eines verschworenen Kreises von Japanologen und eingefleischten Japan-Fans getrübt von Vorurteilen, Halbwahrheiten und Klischees. Mehr als einmal war ich zutiefst beschämt, wenn ich hörte, wie viel gebildete Japaner über uns, unsere Geschichte und Kultur wissen, während für die meisten Deutschen Japan tatsächlich immer noch ein »unbekanntes Land« ist.

Dabei gibt es Sushi mittlerweile auch bei uns an jeder Ecke, beherrschen japanische Manga-Helden die Phantasie unserer Kinder, beflügelt japanisches Design die Kreativität unserer Architekten und Raumausstatter, gehören japanische Autos und japanische Elektronik längst zu unserem Alltag. Aber das Herkunftsland bleibt uns fremd und im schlimmsten Fall sogar etwas unheimlich, jedenfalls wirkt es irgendwie sonderbar auf uns.

Zugegeben – Japan verlangt uns eine Menge ab. Eine Sprache, die zu erlernen mich fünf Jahre meines Lebens gekostet hat, und immer noch komme ich viel zu oft ins Stammeln und stolpere über Schriftzeichen, die ich nie gesehen oder wieder vergessen habe. Eine Gesellschaft, die nach völlig anderen Regeln und Gesetzen

funktioniert als unsere und in der wir Ausländer wohl niemals wirklich heimisch werden. Das Land verunsichert uns mit zersiedelten Landschaften, einbetonierten Berghängen und verschandelten Küsten, hoffnungslos verbauten Städten, Taifunen, Vulkanen, Erdbeben, langen Warteschlangen, komplizierten Toiletten und überfüllten U-Bahnen.

Und trotzdem. Japan überwältigt uns dafür mit atemberaubender Schönheit, unberührter Natur, herzerwärmender Freundlichkeit, ausschweifender Fröhlichkeit, unbeschreiblichen kulinarischen Genüssen und der erfrischenden Erkenntnis, dass alles auch ganz anders geht, als wir es gewohnt sind und für richtig halten.

Viele Jahre habe ich nun schon hier verbracht und noch immer vergeht kein Tag, an dem ich nicht irgendetwas Neues, Unverhofftes finde – das mich verblüffen, entzücken, vielleicht auch ärgern kann. Japan ist für mich die größte Wundertüte der Welt. Ein paralleles, manchmal besseres, oft interessanteres und immer erstaunliches Universum, das nach seinen eigenen Regeln funktioniert, weitgehend globalisierungsresistent. Mit einem Bein tief in Geschichte und Tradition verwurzelt, mit dem anderen aber schon in der fernen Zukunft. Dieses Land zu bereisen beschert unvergessliche Eindrücke und Erfahrungen. In diesem Land eine Zeit lang zu leben, ist ein Privileg.

Ich werde versuchen, Sie ein wenig zu überraschen. Ich werde Ihnen ein paar Dinge aus und über Japan erzählen, die Sie vielleicht noch nicht wussten, und dazu Bilder zeigen, die Sie vielleicht noch nie oder jedenfalls noch nicht so oft gesehen haben.

Seien Sie also bitte nicht enttäuscht, wenn ich keine Karatekämpfer, Kapselhotels und Kalligraphen, keine Bonsai und nur wenige Geishas biete und meine Sumo-Ringer nicht gegeneinander kämpfen, sondern stattdessen Babys zum Weinen bringen.

Denn schließlich sollte es doch eine Reise in ein unbekanntes Land werden ...

1 Zu jeder Begrüßung und Begegnung gehört in Japan eine Tasse grüner Tee. 2 Das Schneeland – im Winter liegt Niigata unter einer drei bis vier Meter dicken Schneedecke. 3 Karpfen und Kirschblüten symbolisieren Japans Ästhetik. 4 Die dramatische Küste der Halbinsel Izu, nur zwei Autostunden vor Tokyo.

Yokoso – Willkommen! 7

Keine Angst vor fremden Welten

Es ist ganz natürlich, dass wir bei unseren ersten Schritten
in das unbekannte Land eine gewisse Scheu nicht ablegen können.
Doch besteht zur Panik überhaupt kein Grund, auch wenn es
manchmal hilfreich sein kann, sich die Ohren zuzuhalten.

Augen auf, Ohren zu – und durch!

Tokyo im Schnellgang

Beginnen wir unsere Reise mit dem, was Sie hier nicht sehen, betrachten oder lesen können. Beginnen wir mit Japans Geräuschen.

Während ich dies schreibe, am Morgen eines milden Frühlingstags in einem wahrlich nicht als übermäßig turbulent bekannten Teil der Tokyoter Innenstadt, frisst sich irgendwo da draußen ein Presslufthammer durch den Straßenbelag, denn in der Nachbarschaft wird gerade wieder mal die Straße aufgerissen. Sie bauen hier übrigens Tag und Nacht, am liebsten jedoch nachts, weil dadurch dem ohnehin oft komatösen Straßenverkehr weniger Ungemach entsteht. Ein Kran brummt dazu, denn vorne an der Hauptstraße baut man ein neues Hochhaus. Ab und zu dringt von weither das Heulen einer Sirene, begleitet von Durchsagen, mit denen der Fahrer der Ambulanz seine Navigationsabsichten kundtut. »Ich fahre jetzt über die rote Ampel, Vorsicht bitte!« Wenn der Wind richtig stünde, wäre auch das Bimmeln eines Bahnübergangs und das rhythmische Rattern der im Minutentakt vorbeischaukelnden Züge zu hören. Auf dem Baum vor dem Fenster lässt sich ein Rabe nieder. Ein hässliches schwarzes Vieh, das ein grauenhaftes Krächzen von sich gibt, welches sein Rabenfreund vom Dach gegenüber ebenso grauenhaft beantwortet. Heute sind die beiden eher spät dran, an anderen Tagen beginnt die Konferenz, zu der sie auch gerne noch einige Rabenkollegen einladen, schon früh um sechs. Der Sommer ist nicht mehr fern und dann kommen die *semi*, die berüchtigten Zikaden mit den Düsenjägermotoren, die nur bei starkem Niederschlag ihren Einsatz bei Sonnenaufgang gegen halb fünf verpassen. Soeben ist auch der Elektromüll-Sammler unten vorbeigefahren (was er nur der Tatsache zu verdanken hat, dass ich ihn unbedingt erwähnen möchte, denn üblicherweise beginnt er seine Runde sonntags um halb neun in der Früh). Wie immer im Schritttempo, auf seinem Dach ein Lautsprecher, durch den er sehr freundlich und langsam und ziemlich laut all die kaputten Elektrogeräte aufzählt, die er so einsammelt, und das sind sehr viele. Wenn er durch ist, kommt mit holdem Singsang (»Takeya-Saodakeeee ...«) der Verkäufer von Wäschestangen aus Bambus. An Winterabenden gesellt sich ein Süßkartoffel-Mann dazu, ebenfalls singend (»O-imo, o-imo, o-imo – ishiyaaaki imo«). Wenn heute ein patriotisch bedeutsames

1 Sonderangebote sind meist mit erheblicher Geräuschentwicklung verbunden. **2** Tokyos heimliche Herrscher – die frechen Kolkraben. **3** Die schärfste Waffe der Einzelhandels-Samurai – das Megaphon. **4** Überwältigend – Tokyos Häusermeer: im Winter mit freier Sicht auf den Fuji.

Datum wäre, dann würden die schwarzen, kriegsbeflaggten Lautsprecherbusse der Rechtsradikalen mit schmetternder Marschmusik und Aufrufen zu Kaiserverehrung, Umsturz und Rückgabe der russisch besetzten Kurilen zur akustischen Kulisse beitragen. Aber heute ist nur ein ganz normaler Samstag. Irgendwo stößt einer rhythmisch in eine Trillerpfeife, um einen rückwärts rangierenden Lastwagen einzuweisen. Aus diesem erklingt, wenn er nach links abbiegt, eine weibliche Stimme. »Ich biege jetzt nach links ab. Bitte seien Sie vorsichtig.« Dazu ein Klingelgeräusch.

Überhaupt: Japan ist die Heimat der Klingelgeräusche. Und das Mutterland kleiner, unbeschwerter Melodien. Irgendwo klimpert, bimmelt oder flötet hier immer irgendetwas. Die Klingelgeräusche sollen vor Gefahren warnen und die kleinen, fröhlichen Melodien den Alltag bereichern und den Menschen erfreuen und eventuell dazu bringen, etwas zu kaufen, oder zumindest vorübergehend seine Aufmerksamkeit erregen. Es klimpert aus Ladeneingängen, aus Automaten und den Mobiltelefonen vorbeieilender Passanten. Gehen wir spaßeshalber, und weil es nicht allzu weit ist, zum Bahnhof von Shibuya und durch das Einkaufs- und Vergnügungsviertel, das rings um den Bahnhof entstand. Aus beinahe jeder der zahlreichen Boutiquen, den Schuhläden, Karaoke-Türmen und Spielhallen quakt ein anderer Lautsprecher ein anderes Lied und in den Geschäften erreicht die Beschallung nicht selten 80 Dezibel oder mehr und ist damit nicht weit von den Werten einer Diskothek entfernt. Vor den Drogerien und Elektroläden stehen junge Männer mit kräftigen Stimmen (und Megaphonen) auf Kisten und Leitern und heißen – »Irasshaimasse, irasshaimasse!« rufend – die vorbeihastenden Menschen willkommen, preisen ihre spektakulären Sonderangebote an. In den *Pachinko*-Hallen, wo die Spieler in langen Reihen vor blinkenden flipperähnlichen Automaten sitzen, rasseln mit höllischer Wucht Millionen kleiner Silberkugeln. Wären diese *Pachinko*-Hallen Fabriken, müssten die Arbeiter gewiss Ohren-

schützer tragen. Aber die Spieler sitzen mit hochkonzentrierten Minen da, unempfindlich gegen den Lärm. Alle diese Geräusche sind übrigens Musik gegen das Kreischen eines bremsenden japanischen Fahrrads. Vielleicht liegt das an der unregelmäßigen Schmierölversorgung. Oder daran, dass die Radler, die wie selbstverständlich die Bürgersteige benutzen, nicht durch Klingeln die Gefühle der Fußgänger verletzen wollen. Jedenfalls haben die hiesigen Fahrraddesigner beschlossen, den Bremsen einen durchdringenden, Gänsehaut verursachenden, metallischen Urschrei zu geben, der für manchen zu den grauenhaftesten Geräuscherfahrungen unseres Universums gehört.

Vor dem Bahnhof ist ein weiterer Lautsprecherwagen geparkt und ein Herr im Anzug führt gerade lautstark den Beweis, dass amerikanische Speisen wie Hamburger, Pommes frites oder frittierte Hähnchen nicht gut für die Japaner sind, weil die Japaner eigentlich lieber Fisch essen. Aufs Weltanschauliche bezogen soll das vermutlich ein Plädoyer gegen die Globalisierung oder gegen die Amerikaner sein oder beides – jedenfalls donnert es aus 500-Watt-Laut-

1 Girlie-Picknick – schwarze Haare sind nun wirklich out ... 2 Achtung Fußgänger: Geschäftsstraßen im Bezirk Shinjuku. 3 Boutiquen, Kneipen, Restaurants in den quirligen Gassen von Shibuya. 4 Dort wirken die Fassaden so, als wären sie von Manga-Zeichnern entworfen.

sprechern auf die Menge ein, die so tut, als höre sie nichts. Eine der erstaunlichsten Fähigkeiten der Japaner ist die der selektiven Wahrnehmung und die stoische Duldsamkeit gegenüber allen Arten von Verkäufern, Idealisten, Politikern oder auch Wirrköpfen mit Lautsprechern.

Durchsagen am Bahnhof, Durchsagen im Zug. Der Zug kommt gleich. Bitte hinter der gelben Linie stehen! Hier ist der Bahnhof von Shibuya. Nicht drängeln! Bitte vergessen Sie nichts im Wagen! Schalten Sie Ihr Mobiltelefon auf Summton, sonst belästigen Sie die anderen Fahrgäste! Danke, dass Sie mit unserer Linie fahren. Vor-

sicht, die Türen schließen sich! Der Ausgang ist jetzt nicht mehr auf der linken, sondern auf der rechten Seite. Das Ganze wird mehrmals aufgelockert und unterbrochen von markerschütternden Klingeltönen.

Japan ist ohne Frage die führende Weltmacht fürsorglicher Lautsprecherdurchsagen. Als hätten die Behörden die Furcht, es mit einem Volk der Tollpatsche zu tun zu haben, die ständig in Gefahr schweben, in die falsche Richtung und in ihr Verderben zu marschieren, verloren zu gehen, sich zu verschlucken oder in Baugruben zu stürzen. Gehen Sie weiter, gehen Sie langsam, gehen Sie zügig! Gehen Sie rechts! Gehen Sie hier lang! Vorsicht, das Ende der Rolltreppe ist erreicht! Passen Sie auf Ihre Füße auf! Das kann sehr auf die Nerven gehen – aber tatsächlich: Man gewöhnt sich daran. Schlimmer noch, man gewöhnt sich in einem Maße daran, dass man beginnt, sich unsicher zu fühlen, wenn mal keine Durchsagen kommen. Verhalte ich mich richtig? Diese bange Frage ist ohnehin ein Leitmotiv des japanischen Alltags.

So bimmelt, klimpert und warnt diese Nation ohne Unterlass vor sich hin. Und bei allem, was noch zu entdecken ist in diesem unbekannten Land (mit Ausnahme von Ausflügen ins Hochgebirge oder in weitläufige Wälder und Grünanlagen), sollten und müssen Sie sich am besten immer irgendein Hintergrundgeräusch vorstellen,

um dem tatsächlichen Japan-Erlebnis möglichst nahe zu kommen. Jetzt habe ich Sie unversehens nach Shibuya entführt, was nicht ganz fair ist, denn dieses grellbunte und laute Viertel ist nicht repräsentativ für Tokyo. Es wird vielmehr immer dann im Fernsehen und im Kino vorgezeigt, wenn es zu beweisen gilt, dass Japans Hauptstadt ein rummelplatzartiger Hexenkessel voller nervös blinkender Reklametafeln und riesiger Monitore ist. Wo blond gefärbte, braun gebrannte Minirockfetischistinnen und coole Jungs mit Sonnenbrillen und sonderbaren Frisuren kreuz und quer über labyrinthartig verlaufende Zebrastreifen schlendern – was freilich nicht stimmt. Allerdings trifft es sehr wohl auf Shibuya zu, den Bahnhof und sein Bahnhofsviertel, das so wüst und bizarr und chaotisch ist, als habe man einen Manga-Zeichner gebeten, es zu entwerfen und dabei mit Signalfarben nicht zu sparen. Shibuya gilt als das Mekka der modernen Jugend und sein Waren- und Unterhaltungsangebot richtet sich vorwiegend an Minderjährige. An Gameboys und Girlies und deren Verehrer und Verfolger aus den Reihen sexuell fehlgesteuerter Verwaltungsangestellter.

Tokyo ist eine irgendwie amorphe Masse, eine gigantische, wenn auch gutartige Geschwulst von einer Stadt. Ohne greifbares Zen-

1 Hochhauskulisse in Shinjuku – Tokyos Version einer Skyline. 2 Hochbetrieb auf der weltberühmten Mammut-Kreuzung vor dem Shibuya-Bahnhof. 3 Im Rausch der Silberkugeln – *pachinko*, Japans Flipperspiel. 4 Unter Tokyos Dächern wohnen zwölf Millionen – im Umland über 30 Millionen Menschen. 5 Obwohl Erdbeben die Stadt regelmäßig heimsuchen, wird in Tokyo hoch gebaut. 6 Die noble Einkaufsstraße Ginza.

trum, ohne Downtown im westlichen Sinne. Tokyo hat mehrere Zentren mit klar definierten Rollen: Einkaufs-, Vergnügungs-, Verwaltungs-, Regierungs- und Verkehrszentren. Shibuya mit immerhin 600 000 Einwohnern ist nur eines davon. Ein anderes, drei Kilometer nördlich, ist Shinjuku mit seiner Hochhausplantage aus Büro- und Hoteltürmen, die bis vor kurzem dem am Nächsten kam, was man als eine wiedererkennbare Skyline bezeichnen könnte. Hochhäuser waren nämlich bis vor wenigen Jahren eher die Ausnahme in dieser erdbebengeplagten Stadt. Aber neuerdings übertrumpfen sich die Architekten gegenseitig mit kühnen, himmelstürmenden Konstruktionen. Mehr als 60 Wolkenkratzer waren um die Jahrtausendwende in Bau, in Planung oder gerade fertig gestellt.

Tokyo hat überdies seine Mode- und Flanierzentren wie die Ginza mit ihren teuren Warenhäusern und die *Omote-sando*, wo sich die Boutiquen der namhaften europäischen und einheimischen Modedesigner und Luxusausstatter aneinander reihen. Eine junge Japanerin ohne Louis-Vuitton-Tasche ist heutzutage kaum denkbar. Und schon gar nicht auf der *Omote-sando*.

Erwähnt werden sollten unbedingt noch Shinagawa, Ikebukuro, Ueno – denn das sind wichtige Umsteigebahnhöfe für Millionen von Pendlern aus den Vorstädten. Am Morgen sind sie die Schleusen zu deren Arbeitsplätzen und des Abends die Schwellen zurück nach Hause. Die vielen Zentren Tokyos wurden übrigens nicht plötzlich erfunden, sondern sind historisch gewachsen und waren schon im Mittelalter die Verkehrsknotenpunkte nach Edo, wie Tokyo damals hieß.

Ansonsten aber hat sich diese Stadt ernüchternd wenig Historisches bewahrt. Das liegt zum einen daran, dass sie allein im vergangenen Jahrhundert zweimal dem Erdboden gleichgemacht wurde. Das große Erdbeben von 1923 und die Brandbomben-Angriffe der Amerikaner im Zweiten Weltkrieg ließen jeweils nicht viel von Tokyo übrig. Der andere Grund für die weitgehende Abwesenheit von geschichtlicher Substanz liegt daran, dass die Japaner wenig romantisch sind, wenn es um die Pflege alter Bauwerke geht. Zumindest dann nicht, wenn von ihnen erwartet wird, dass sie tatsächlich darin wohnen. Die alten, verträumten Häuser, die man in Tokyo noch findet – und manchmal charmanterweise inmitten der schicksten Apartment- und Geschäftsgebäude – gehören meist standhaften Greisen, die sich hartnäckig weigern, auf ihre alten Tage noch einmal umzuziehen.

金多楼寿司
☎251-7912

Tokyos Bahnen – Das wichtigste Fortbewegungsmittel, abgesehen vom Taxi, ist die ober- und unterirdisch verlaufende Stadtbahn, deren Schienen die riesige Stadt spinnennetzartig durchkreuzen. **1–2** Unmittelbar neben Wohnstuben rattern Stadtbahnen und Fernzüge. **3** Züge im Minutentakt – Tokyos Bahnnetz ist das effektivste der Welt. Zwölf Linien befahren 292 Kilometer Strecke ... **4** ... und befördern Tag für Tag 7,5 Millionen Menschen ... **5** ... unter- und oberirdisch und auf ein paar Etagen mehr.

Japaner als Schildbürger

Nicht ohne Bewunderung stellt man fest, dass es einer ganz außergewöhnlich flinken Wahrnehmungsgabe bedarf, um in wenigen Sekunden sämtliche Hinweise und Informationen aufzunehmen, die dem Autofahrer an der Auffahrt Edobashi im Nordosten Tokyos angeboten werden.

Dort ist neben den Entfernungen zu den häufig angesteuerten Zentren Shinjuku, Shibuya und Ikebukuro zunächst einmal vermerkt, dass ein PKW 700 Yen und ein LKW 1400 Yen Maut

zu entrichten hat (gut sechs bzw. etwa 13 Euro). Der Preis ist übrigens unabhängig von der Länge der Reise. Die Leuchtschrift ganz oben kündigt an, dass nach einem Unfall ein kilometerlanger Stau bis zur Kreuzung Kandabashi entstanden ist. Darunter folgt der warnende Hinweis, dass am Wochenende die tödlichen Unfälle von Zweiradfahrern zunehmen. Weiterhin informieren die vielen kleineren Schilder unter anderem über die auf der Straße zulässigen Gewichte und Maße, darüber, dass sich die LKWs hier auf der rechten Spur zu halten haben, dass Fußgänger auf der Autobahn nichts verloren haben. Ausdrücklich in roten Schriftzeichen ist vermerkt, dass man tunlichst die Geschwindigkeitsbegrenzungen einhalten soll, um Unfälle zu vermeiden. Kein Mensch hält sich freilich an die vorgeschriebenen 80 Stundenkilometer Höchstgeschwindigkeit auf Japans Autobahnen. Manch einer fährt 100, die meisten 120 Stundenkilometer, manche auch mehr.

Im Schilderwald sieht man nichts mehr und nimmt nichts mehr wahr. Vermutlich tagt dazu gerade eine Kommission im Verkehrsministerium, die zu dem Schluss kommt, dass dringend mehr Schilder erforderlich sind.

Tokyo ist – zugegebenermaßen – wenigstens stellenweise tatsächlich ein einziges, gewaltiges Attentat auf westliche Siedlungsvorstellungen und westliche Sinne. Ein Spaziergang durch Viertel wie die mit grellbunten Sonderangebotstafeln tapezierte »Elektrostadt« Akihabara, die Heimat der Computerspiele, Bildschirme und Mobiltelefone, mag geräusch- und farbempfindlichen Zeitgenossen vorkommen wie ein Gang durch den Vorhof der Hölle. Der Geräusch-, Blinklicht- und Reklametafelterror, dem man meist in der Nähe der Bahnhöfe ausgesetzt ist, reicht aber wundersamerweise immer nur bis zur nächsten Ecke, bis zur nächsten Seitenstraße und da tut sich unerwartet und irgendwie absurd eine beinahe dörfliche Szenerie auf. Ohne Starbucks, McDonald's und Big-Echo-Karaoke. Da rückt dann eine Großmutter die üppigen Topfpflanzen vor ihrem Hauseingang zurecht, ein Nudelkurier mit weißem Käppchen schwingt sich auf sein Fahrrad, um eine Portion *soba*, Buchweizennudeln in würziger Brühe, auszufahren, und eine Hausfrau hängt aus dem offenen Fenster die Wäsche an die neue Bambuswäschestange, die sie unlängst vom lautstark durchreisenden Bambuswäschestangenverkäufer erworben hat. Eng und voll gestopft sind die charmantchaotischen Hintergassen, zugeräumt mit Fahrrädern, Reklametafeln, Schildern und den Tagesmenüs der Restaurants sowie mit

grauen Strommasten, an denen sich die Telefon- und Elektrokabel in wüsten Knoten und Knäueln durch die ganze Stadt hangeln. Nicht unähnlich der Stadtautobahn, deren Pisten und Brücken sich manchmal zwei- oder dreistöckig auf massiven Pfeilern durch den Betondschungel schlängeln.

Man versteht Tokyo am besten, wenn man es sich nicht als Stadt vorstellt, sondern als ein ins Ungeheuerliche aufgeblasenes, riesiges Dorf. Seine kleinste Einheit ist die Nachbarschaft, über die, wenn alles noch mit rechten Dingen zugeht, ein von allen respektierter

Ältester wacht. Besonders im Tokyoter Osten – *shitamachi* genannt, die »Unterstadt« –, der eigentlichen »Altstadt« (obwohl der Begriff irreführend ist) sind die Nachbarschaften intakt, die Straßen eng, die Atmosphäre gänzlich unhektisch und liebenswert und die Tradition noch lebendig.

Wenn diese Stadt doch einen Mittelpunkt hat, dann ist es jenes verschwiegene, von grauen Steinwällen und breiten Burggräben umsäumte, parkähnliche Grundstück, dessen Wert in den goldenen achtziger Jahren des vergangenen Jahrhunderts, den Jahren der so genannten Bubble Economy oder Seifenblasen-Wirtschaft, ebenso hoch veranschlagt wurde wie der des gesamten US-Bundesstaates Kalifornien – der Kaiserpalast. Als Sehenswürdigkeit übrigens nicht eben zu empfehlen, weil er schlicht nicht zu sehen ist und streng genommen auch nach nichts Besonderem aussieht, wenn man die Immobilien anderer gekrönter Häupter zum Maßstab nimmt.

Ein wenig sehenswert sind ein paar geschichtsträchtige Wachtürme, Brücken und Eingangstore. Man kann lediglich stundenlang um den Palast herumlaufen und einen Teil des kaiserlichen Parks besichtigen.

Die Präsenz des Kaisers in Tokyo hat Konsequenzen für das ganze Land, mithin für den Bahnverkehr, denn alle Züge, die aus Tokyo

1 Das gepflegte Chaos einer Tokyoter Großbaustelle. Schichtbetrieb sorgt für Säge- und Klopfbeschallung der Nachbarschaft rund um die Uhr. 2 »Gehen Sie links, gehen Sie rechts, gehen Sie zügig!« Die Japaner sind geradezu süchtig nach warnenden Lautsprecherdurchsagen. 3 »Gehen Sie vorsichtig!« Manch enge Einkaufsgasse wird zum Hindernisparcours. 4 Zur alltäglichen Rushhour: Stau auf fünf Ebenen – Tokyos Stadtautobahn.

Die Geburt des modernen Japan

In Kyoto saßen die japanischen Kaiser seit 794 mit ihrem Hofstaat und hatten nichts Aufregenderes zu tun, als grüblerische Gedichte über den Lauf der Welt und die Schönheit des Herbstlaubes zu verfassen. Die Geschicke des Landes bestimmten derweil die Krieger und Lehnsfürsten und deren Vorgesetzter, der Shogun. 1868 wußte das Shogunat nach 267 Jahren der Militärdiktatur und der totalen Abschließung des Inselreichs keine Antworten auf die drängenden Fragen der Zeit – zum Beispiel wie eine Eisenbahn funktioniert oder was genau in einer Fabrik vor sich geht. Es war jedem, der denken konnte, klar, dass ein Ruck durch dieses Land gehen musste. Genau dies geschah, als der, nach mythischer Berechnung, 122. Tenno den Thron bestieg, der Meiji-Tenno. Dieser Meiji-Tenno also – dem der Einfachheit halber das ganze Unternehmen der Modernisierung Japans zugeschrieben wird, obwohl er zu diesem Zeitpunkt erst zarte 15 Lenze zählte – verlegte den Regierungssitz in die Residenz der Shogune, nach Edo und nannte es Tokyo und wurde selbst wieder zum Staatschef, weswegen man von einer Restauration, also einer Wiederherstellung spricht. Das moderne Japan war geboren und es dauerte nicht mehr lange, da kamen Telefone, ein Parlament, beheizbare Bettdecken und Pommes frites. Zuvor aber, im Jahr 1912, starb der Meiji-Kaiser, und wie das so üblich ist, wurde sein *kami*, sein Geist, und auch der seiner Kaiserin eingeschreint – und zwar im Meiji-Schrein.

Kaiser hinter Panzerglas

Nur zweimal im Jahr, zu Neujahr und an Kaisers Geburtstag (aktuell der 23. Dezember) darf die Bevölkerung das Gelände des Kaiserpalasts betreten und dem Tenno und seiner Familie mit kleinen Japan-Fähnchen – die am Eingang verteilt und am Ausgang von Pfadfindern wieder eingesammelt werden – aufgeregt zuwinken. Die kaiserliche Familie steht dann auf dem Erscheinungsbalkon und winkt freundlich zurück – übrigens hinter Panzerglas. Dann spricht der Kaiser mit nasaler Stimme ein paar unverbindliche Dankesworte. Darauf zieht er sich sogleich zurück, um vor der nächsten Winkemenge wieder zu erscheinen, die schon vor dem Tor wartet.

Japans Kaiser hat keine politische Macht, er ist das »Symbol des Staates und der Einheit des Volkes«. Er erledigt lediglich zeremonielle Amtsgeschäfte und nimmt repräsentative Termine wahr auf Geheiß und in enger Abstimmung mit der Regierung. Die Entmachtung und Entzauberung des bis dahin

als Gottheit verehrten Tenno war den Amerikanern ein dringendes Bedürfnis. Denn schließlich hatten Japans Soldaten in seinem Namen entsetzliches Leid über einen ganzen Kontinent gebracht. Allerdings verzichtete Besatzungsgeneral MacArthur darauf, den Kaiser für Krieg und Gräueltaten persönlich zur Verantwortung zu ziehen (obwohl es schon damals berechtigte Zweifel an seiner Unschuld gab), um Japan nicht zu destabilisieren. Abgeschottet und kontrolliert von den traditionsversessenen Schranken des kaiserlichen Hofamts führen der Tenno und seine Familie heute ein geradezu unwirkliches, entrücktes Leben am Rande der Wahrnehmung und Wirklichkeit, ein Leben hinter Panzerglas – ganz anders als die eher lebenslustigen Monarchen Europas.

Zu Tennos Pflichten gehört unter anderem die Festrede zum Tag des Meeres, anlässlich dessen sich Japans mächtige Fischereilobby selbst feiert. Ich erlebte, wie Kaiser und Kaiserin unglaublich tapfer, humorvoll und bis auf die Knochen durchnässt einem mörderischen Regenguss trotzten, um die Parade der Fischerboote abzunehmen. In seiner Rede erinnerte sich der Tenno daran, dass er als Kind während des Krieges in diese Gegend gebracht worden war: »Damals lernte ich Fische in einem Aquarium kennen, die immer und immer wieder mit ihren Nasen an die Scheibe stießen ...« Das wollte mir sehr traurig vorkommen, denn es schien, als spreche er ein bisschen von sich selbst und seiner eigenen Gefangenschaft. Aber vielleicht irre ich mich auch. Wer kann schon die Gedanken eines einsamen Kaisers lesen?

wegfahren sind *kudari*, also absteigend und folglich ist Richtung Tokyo *nobori* – aufsteigend. Und außerdem erlaubt sich dieses Land eine andere, kaiserbezogene Zeitrechnung: Japans Jahre beziehen sich auch heute noch auf die Amtszeit des aktuellen Tenno und werden nach seinem blumigen Regierungsmotto benannt. Das des diensthabenden Kaisers Akihito lautet *heisei* (grob übersetzt etwa: Entstehung des Friedens) und begann 1989, weswegen beispielsweise das Jahr 2004 den Japanern eher als *heisei 16* geläufig ist. Unter dem Motto *showa* – erleuchtete Harmonie – regierte von 1926 bis 1989 sein umstrittener Vater Hirohito. Und mein Führerschein sagt mir hochoffiziell, dass ich im Jahre *showa 38* geboren bin. Davor war, kränklich und manche sagen – leicht verwirrt, der *taisho* (große Rechtschaffenheit) Tenno am Zuge (1912–1926), und der folgte auf den Meiji-Tenno (erleuchtete Herrschaft), dessen turbulente Jahre von 1868 bis 1912 die Zeit der großen Umwälzungen markierten und die Epoche der Öffnung eines bis dahin abgeschotteten Landes zur Außenwelt.

1 Einsames Relikt im Bankenviertel – ein Wachturm am Kaiserpalast.
2 Typische Einkaufsstraße in der Altstadt *shitamachi*, wo die Welt noch in Ordnung ist ... **3** Oase der Gemütlichkeit und Tradition – ein altes Holzhaus inmitten der hochmodernen Innenstadt.

Tief durchatmen!
Japans grandiose Natur

Genug jetzt aber von Enge, Gedränge und Lärm. Japan ist ebenso wenig Tokyo wie Deutschland mit Berlin gleichzusetzen ist und der Zauber seiner Natur und seiner Landschaften ist reich und vielfältig und wird von uns, die wir allzu oft auf seine Hochhäuser und Zebrastreifen fixiert sind, nur selten wahrgenommen.

Dabei beginnt das wirklich unbekannte Land Japan bereits zwei Autostunden außerhalb der Metropole. In den Tälern der Präfektur Gunma, in den Reisfeldern und Bambushainen der Präfektur Chiba oder an den zerklüfteten Küsten der Halbinsel Izu. Und wer sich noch weiter weg wagt aus der Hauptstadt, der wird sich nicht selten die Augen reiben.

Hokkaido beispielsweise, die nördliche Insel (bitte, sagen Sie nicht »Hokka-Ido«, das bringt selbst den gemäßigten Japanologen an den Rand des Nervenzusammenbruchs und ruft bei ihm fast so schlimme allergische Reaktionen hervor wie das ebenso grauenhafte wie unausrottbare Unwort »Fudschi-Yama«). Hokkaido ist Japans Skandinavien und sein Alaska. Es ist vergleichsweise dünn besiedelt und strukturschwach. Es versinkt im Winter unter meterhohen Schneeverwehungen und es ist so ziemlich der einzige Ort im ganzen Land, der ausreichend Platz für glückliche, auf richtigen Weiden sich tummelnde Milchkühe bietet. Hokkaido ist ein Ort, an dem die allfälligen Gefahrenschilder nicht vor Baustellen und Baugruben warnen, sondern vor leibhaftigen Bären, die gelegentlich aus dem Unterholz brechen und arglose Spaziergänger verspeisen. Es ist das Land der Seen, Wälder und Wasserfälle, der Kraniche und Adler, der Rehe und Füchse.

Auch der Norden der japanischen Hauptinsel Honshu, ein Gebiet, das als *tohoku* (Nordost-Region) bezeichnet wird, ist ein wildes Land von Schluchten, Wildbächen und großartigen Wald- und Gebirgslandschaften wie zum Beispiel die grandiose Kulisse des 2000 Meter hohen Vulkans Iwate-san. Und auch die felsigen, zerklüfteten Buchten der Pazifikküste sind von dramatischer Schönheit. Aber glauben Sie, um vor Enttäuschungen bewahrt zu bleiben, niemals allein den Bildern, auch nicht diesen hier. Seien Sie vielmehr darauf gefasst, dass sich gleich hinter der entrücktesten Bucht und der verzaubertsten Schlucht ein wenig einladender Autofriedhof auftut oder eine unendlich nichts sagende und hässliche Hafen-

1 Zwei Palmen bewachen den südlichsten Zipfel von Kyushu, den Strand am Berg Kaimon. **2** Spielende junge Bären im Shiretoko-Nationalpark auf Hokkaido. **3** Japan ist das Land der Wasserfälle und Kaskaden.
4 Der »durchlöcherte Felsen« bei Kamaishi, Präfektur Iwate.

stadt. Und erwarten Sie bloß keine Cafés und lauschige Fischres-
taurants am Hafen. Erwarten Sie stattdessen eine grauenvolle Rei-
fenfabrik mit rauchenden Schloten und seien Sie vorbereitet darauf, dass meterhohe Einfriedungen aus Stahlbeton auch das
reizendste Fischerdorf vor den gefürchteten Springfluten des Pazifiks schützen.

Nicht weniger wild, felsig und bizarr ist übrigens auch die andere
Seite der Hauptinsel, am Japanmeer. Schroffe Felsen, brodelnde
Brandung. Japans insgesamt fast 30 000 Kilometer umfassende
Küsten sind von wenigen Ausnahmen abgesehen – namentlich die
südlichen, tropischen Inseln von Okinawa – überhaupt nicht geeig-
net für Badebuchten und Strandleben, weswegen es auch keinen
nennenswerten Küstentourismus in Japan gibt. Gebadet wird hier-
zulande nicht im Meer (wenn die Japaner tatsächlich mal im Meer

1 Frühlingserwachen in den Bergen der Präfektur Gunma. 2 Die mächtige Gebirgskette der japanischen Alpen in Yamanashi, westlich von
Tokyo, vom Fuß des Fuji aus. 3 Unweit des Akan-Sees in Hokkaido.

baden wollen, fliegen sie nach Guam oder Hawaii), sondern in den überschaubaren, strömungslosen und heißen Naturquellen.

Als General MacArthur nach dem Sieg der Amerikaner 1945 beschloss, aus Japan die »Schweiz Asiens« zu machen, musste er für dieses Vorhaben zumindest keine Berge mehr auf diese Inseln bringen. Man darf sich Japan getrost als ein einziges Gebirge vorstellen. Es gibt keinen Punkt in diesem Land, von dem aus man nicht wenigstens an klaren Tagen und am fernen Horizont Hügel, Berge oder ganze Bergketten ausmachen kann. Zum Beispiel die japanischen Alpen mit Gipfeln von über 3000 Metern, die von Oktober bis Mai mit Schnee bedeckt sind. Eine Herausforderung vor allem an die Straßenplaner, die auf der Autobahn zwischen Tokyo und dem südlichen Kyushu und einer Strecke von ziemlich genau 1300 Kilometern nicht weniger als 165 Tunnel ins Gestein graben mussten. Manche nur ein paar hundert Meter lang, andere auch schon mal acht Kilometer. Alles in allem führt gut ein Zehntel dieses Weges durch Tunnel.

Japans »Vorderseite«, die hoch entwickelte, industriell erschlossene und total zersiedelte Gegend, ist die dem Pazifik zugewandte Region. Wobei die Landstriche, die zum asiatischen Festland weisen, eher abfällig als *ura-nihon* – Japans Rückseite, man könnte es auch als »Japans Hinterteil« übersetzen – bezeichnet werden. Jedenfalls von den stolzen Einwohnern der Pazifikregion. Vom größten Siedlungsklumpen – Tokyo, Kawasaki und Yokohama – westwärts heißen die Wirtschafts-, Verwaltungs- und Ballungszentren: Nagoya, dann Kyoto, Osaka und Kobe, schließlich Okayama und Hiroshima und die Millionenstädte Kitakyushu und Fukuoka im nördlichen Kyushu. Landeinwärts von den Küstenregionen aber nehmen Bevölkerungsdichte und Entwicklungsstandard ziemlich rapide ab und man findet sich schnell in menschenleeren Schluchten wieder. Außer Reichweite sogar der Klingelgeräusche, mitten in der Wildnis.

So paradiesisch diese Gegenden und Landschaften dem großstadtgeplagten Durchreisenden auch erscheinen mögen – für die Einheimischen gibt es wenig, das sie hier hält, und deswegen macht sich, wer kann, auf und davon, um in den großen Städten sein Glück oder zumindest Arbeit zu finden. Zurück bleiben die Alten in oft ziemlich verwahrlosten Häusern und Höfen.

Präfekturen wie beispielsweise Niigata und Yamagata, Nagano und Gifu in Zentraljapan oder auch weiter westlich die Präfektur Tottori sind selbst für die Japaner aus den Küstenregionen Terra incognita und allenfalls bekannt für die zahlreichen Badeorte, die *onsen*, mit ihren heißen Quellen. Oder beliebt als Ausflugsziele für die Millionen von Wandervögeln. Denn die Wanderlust ist wohl außer den Deutschen keinem anderen Volk so sehr in die Wiege gelegt wie den Japanern. Am häufigsten trifft man die Wanderer auf der kleinsten der Hauptinseln, Shikoku, an. Da sind sie allerdings keine Lustwanderer, sondern in Weiß gekleidete Pilger. Sie besuchen entlang einer ungefähr 1000 Kilometer langen Strecke insgesamt 88 Tempel, um Buße zu tun und sich auf diese Art einer irdischen Sünde zu entledigen. Auch für Shikokus Topografie gilt: Berge, Schluchten und nur wenig flaches Land.

1 Ein furchterregend brodelnder Schlund – der Vulkan Aso im Herzen Kyushus. **2** Winterlandschaft in Gunma. **3** Pilger erklimmen die über 700 Stufen des Kotohira-Schreins in Shikoku.

Streit ums Japanmeer

Das Japanmeer ist ein Gewässer, das von den Gestaden der japanischen Westküste zum asiatischen Festland führt, namentlich nach Korea. Es ist etwas über eine Million Quadratkilometer groß und an seiner tiefsten Stelle 3712 Meter tief. Das Wichtigste am Japanmeer sind gar nicht so sehr seine reichen Fischbestände und seine landschaftliche Schönheit. Wenn man der japanischen Regierung glauben darf, dann ist das Bedeutendste am Japanmeer sein Name, also Japan-

meer. Und diese Regierung hat überhaupt kein Verständnis dafür, dass die koreanische Regierung dieses Gewässer gerne international als »Ostmeer« bezeichnet haben will. So wird es nämlich in Korea genannt, vermutlich allein schon deswegen, weil es von Korea aus gesehen im Osten liegt. Von Japan aus gesehen liegt es aber im Westen, was zu großen Verwirrungen führen könnte. Andererseits wurde Japan niemals die Namenspatenschaft über ein Meer aufgeben, und dies schon gar nicht auf Drängen der Koreaner. Denn beide Völker haben sich fast noch weniger innig lieb als, sagen wir, die Deutschen und die Holländer. Und so schwappt da mit den manchmal trägen, manchmal tosenden Wellen des japanischen Japanmeeres und des koreanischen Ostmeeres ein hässlicher wie im Grunde überflüssiger Konflikt zwischen ihnen hin und her. Als gäbe es auf dieser Welt nicht schon genug davon.

Und genauso sieht es auch in Kyushu aus, auf der südlichen der japanischen Hauptinseln. Kyushu wird beherrscht und definiert vom zentral gelegenen Vulkan Aso, einem furchterregenden, brodelnden Schlund. Und es ist Heimat noch vieler anderer aktiver Feuerberge – etwa des Unzen-dake, dessen letzter Ausbruch im Mai 1991 40 Todesopfer forderte, sowie des Sakura-jima, der eindrucksvoll über der südlichen Hafenstadt Kagoshima raucht. Und, nicht weit davon – am südlichsten Zipfel Kyushus und eingebettet in grüne Teeplantagen –, des Kaimon, des »Fuji von Kyushu«, wie er genannt wird, weil sein ebenmäßiger Kegel ein nur 900 Meter hohes, aber perfektes Abbild des Fuji-san bietet. Über 100 aktive Vulkane zählt man in Japan, die meisten im nördlichen Honshu und in Hokkaido. Den bekanntesten, auch wenn er zum Glück seit 300 Jahren Ruhe hält, sollten wir uns etwas näher ansehen …

Der Berg ruft
Ausflug zum Fuji

Mit 3776 Metern überragt der Fuji alle anderen Gipfel Japans und kein Berg der Welt – nicht der Olymp, nicht das Matterhorn und nicht einmal der Mount Everest – kann es in den Disziplinen »Wiedererkennungswert«, »Symbolkraft«, »ästhetischer und künstlerischer Einfluss« und »dekorative Abbildung auf T-Shirts und Teetassen, Fächern und Wandgemälden« auch nur annähernd mit Japans schönem Schicksalsberg aufnehmen.

Von den Poeten des 8. Jahrhunderts über die Farbholzschnitte des Meisters Hokusai (1760–1849) bis an die dunstumwaberten Wände jeden öffentlichen Badehauses hat keine Szenerie ihres Landes die Japaner so nachhaltig und tief geprägt wie die symmetrischen Hänge des heiligen Berges. Und das, obwohl sie bei näherem Hinsehen aus bestimmten Winkeln gar nicht so symmetrisch sind. Denn dieser Vulkan hat von seinem letzten Ausbruch im Jahr 1707 einen ziemlich hässlichen Buckel zurückbehalten.

Weltweit wird wohl auch kein Berggipfel dieser Größenordnung häufiger bezwungen – der faszinierende Fuji lockt jedes Jahr während seiner Saison zwischen 1. Juli und 31. August bis zu 300 000 Bergsteiger an.

Der Fuji liegt weniger als 100 Kilometer westlich von Tokyo und an klaren Tagen, wie es sie eigentlich nur im Winter gibt, ist sein schneebedeckter Gipfel von vielen Punkten der Hauptstadt aus zu sehen. In jüngster Zeit schauen einige mit Besorgnis in seine Richtung, denn obwohl der letzte Ausbruch schon 300 Jahre zurückliegt, gibt es nur wenig, was diesen mächtigen Vulkan daran hindern könnte, jederzeit wieder Feuer und Rauch zu spucken. Das könnte für Tokyo eine zehn Zentimeter dicke Decke aus Vulkanasche bedeuten und die Zerstörung unter anderem der wichtigsten Transportwege des Landes, die alle an diesem Berg vorbeiführen, das Lahmlegen des öffentlichen Lebens in der Metropole und den zumindest vorübergehenden Zusammenbruch der japanischen Wirtschaft.

So hässlich diese Aussichten, so schön sind wiederum die Ansichten, die der Fuji von fast allen Seiten und zu allen Jahreszeiten bietet. Mit einer Ausnahme, nämlich der gleichnamigen Stadt Fuji, einem Industriestandort von schon fast grotesker Hässlichkeit zu seinen Füßen. Über 1000 Chemie- und Papierfabriken und über

1 Eine der beliebtesten Ansichten des Fuji. **2** Vulkan auf Eis – im Winter verwandelt man Bäume in Eisskulpturen. **3** Der See Yamanaka, einer von fünf Fuji-Seen ist beliebtes Ausflugsziel für Großstädter. **4** Eines der hinreißenden Fuji-Foto-Kunstwerke des fast blinden Fotografen Aikawa.

100 massive Schornsteine beeinträchtigen den Blick und beleidigen das Auge. Deshalb hat die Stadtverwaltung beschlossen, den Abriss entbehrlicher Schlote finanziell zu fördern. Wenig ist für Japaner so wichtig und wunderbar erhebend wie dies: einen guten Blick auf den Fuji zu haben.

Der unheimliche Wald von Aokigahara

Seit der Krimi-Fürst Matsumoto Seicho den Staatsanwalt seines 1957 erschienenen Buches »Nami-no to« (Der Wellenturm) gemeinsam mit der Frau des Angeklagten den tragischen Doppelselbstmord aus unglücklicher Liebe an den Hängen des Fuji begehen ließ, ist der Wald Aokigahara ein bevorzugtes Ziel für Lebensmüde. Und von denen gibt es in Japan schockierend viele. Wirtschaftskrise und Firmenpleiten, Ver-

sagensängste und Scham treiben jedes Jahr Zehntausende in den Freitod – im Jahr 2002 waren es insgesamt über 32 000 Menschen!
Und viele von Ihnen zieht es zu dieser verzweifelten Tat in den unheimlichen Wald von Aokigahara, dem »Meer aus Bäumen«, wie er heißt, wo sich knorrige Bäume an messerscharf zerklüftetes Vulkangestein klammern und wo kein Kompass funktioniert. Allein 2003 barg die Nachbargemeinde Fuji-Yoshida, die jedes Jahr eine grimmige Leichensuche unternimmt, 78 Tote aus dem Wald. Viele kamen von weit her, um sich hier das Leben zu nehmen und sich vielleicht damit einen schnelleren Aufstieg in ein Paradies zu sichern, wo sie nicht von hemmungslosen Kredithaien oder grausamen Kollegen und Chefs verfolgt und gequält werden, wo ihre unerwiderte Liebe erfüllt oder wo sie nicht der Schande ausgesetzt sind, ihre Familie nicht ernähren zu können. In den Ausflugslokalen und Souvenirboutiquen der Gegend hängen herzzerreißende Hilferufe von Angehörigen, die ihre Lieben seit Wochen und Monaten suchen und die fürchten, dass dies vielleicht ihre letzte Station war. Am Eingang des Waldes stehen Schilder, auf denen die Verzweifelten gebeten werden, professionelle Hilfe zu suchen. Die Telefonnummer der Hotline ist angegeben unter dem Appell: »Das Leben wurde dir von deinen Eltern geschenkt. Du darfst es nicht wegwerfen, sondern musst noch einmal in Ruhe mit Eltern, Geschwistern und Kindern sprechen.«

1 In Sekundenschnelle ändern sich die Wolkenformationen über dem Gipfel des Fuji. **2** Kaum ein öffentliches Badehaus in diesem Land, dessen Wände nicht eine Fuji-Ansicht ziert. **3** Am Ufer des Sees Yamanaka.

Ein Motiv fürs Leben: die Fuji-Fotografen

Kein Motiv ist begehrter und gesuchter in diesem Land der Foto-Amateure als der Berg Fuji. Und dies von hochgerüsteten Hobby-Fotografen, die sich an bestimmten Tagen (etwa an jenem Morgen im April, wenn die Sonne genau über dem Gipfel des Berges aufgeht) und an strategischen Punkten (etwa dort, wo ein blühender Kirschblütenzweig oder besonders üppiges Herbstlaub die Hänge malerisch einrahmen) in Bataillonsstärke versammeln. Wer nicht bereits am Vorabend sein Stativ aufbaut, der wird bei Sonnenaufgang das Nachsehen haben.

Für manche ist das Fotografieren des Fuji – und ausschließlich des Fuji – zu einer Lebensaufgabe geworden. Zum Beispiel für Herrn Aikawa Makoto, 73 Jahre alt, der in den letzten 17 Jahren nichts anderes fotografiert hat als immer wieder nur Japans schönsten Vulkan. In jedem Licht, in jeder Jahreszeit, zu allen Tages- und Nachtzeiten. »Alle anderen Motive interessieren mich nicht«, sagt er. Gut 100 Aussichtspunkte haben er und seine Frau ausfindig gemacht, von denen aus

der Berg besonders gut zu sehen ist. Manche direkt neben der Straße, andere nur nach einem beschwerlichen, mehrstündigen Fußmarsch zu erreichen. Das allein wäre schon bemerkenswert – aber zudem ist Herr Aikawa so gut wie blind. Er sieht diesen Berg nicht mit den Augen, sondern mit dem Herzen. Er erspürt das Licht, seine Frau hilft ihm beim Fokussieren und mit dieser Methode fängt er wirklich die wunderbarsten Aufnahmen ein. Er hat mir eine geliehen, damit Sie sich überzeugen können (siehe S. 28/29).

Im Land der Harmonie
Das zauberhafte Miteinander

»Diese Menschen sind eine Erquickung für meine Seele«, jauchzte der Überlieferung zufolge der spanische Jesuit Francisco de Javier (auch bekannt als Francis Xavier), der 1549 in Kagoshima, Kyushu als einer der ersten westlichen Besucher in Japan landete, um die Japaner zum christlichen Glauben zu bekehren. »Meine Familie und ich, wir konnten einfach nicht glauben, dass es auf dieser Welt so wundervolle Menschen gibt wie die Japaner«, schrieb am 5. Mai 2004 ein Tourist namens Stephen Hertel aus Wisconsin in einem rührenden Leserbrief an die »Japan Times«. – Was immer es ist, das die Japaner haben – es ist etwas, das uns »Westler« zutiefst berührt, manchmal geradezu verzaubert. Und es ist etwas, das seit mindestens 450 Jahren funktioniert.

Was es ist, das versteht besonders gut der, der eine Weile in Japan lebt und dann wieder nach Hause kommt und es bald schmerzlich vermisst: *Es ist vor allem die allgemeine Atmosphäre von Höflichkeit, Rücksichtnahme und Respekt.*

Es ist das uns ziemlich unvertraute Gefühl, dass wildfremde Menschen aktiv bemüht sind, unsere Gefühle nicht zu verletzen, uns nicht zum Opfer ihrer Launen zu machen und uns nicht unversehens mit ihrem möglicherweise total verkorksten Ego sowie dessen Problemen zu überrollen. Auch und gerade dann, wenn wir völlig anders aussehen, keinen blassen Schimmer von der Sprache haben und uns gewohnheitsmäßig benehmen wie Büffel im Porzellanladen. Den wahren Kulturschock erlebt, wer nach einiger Zeit in Japan wieder nach Hause kommt, schon am Flughafen von einem schlecht gelaunten Zollbeamten völlig zu Unrecht angeraunzt wird, sodann einen grantigen Taxifahrer erwischt und beim ersten Einkauf eine gestresste Kassiererin erlebt. Jede dieser Begegnungen für sich reicht bei mir meist schon aus, den dringenden Wunsch zu verspüren, bald wieder nach Japan zurückkehren zu dürfen. Und ich wage gar nicht daran zu denken, welche Wünsche sie bei den Japanern freisetzt, die erstaunlicherweise immer noch zu uns reisen. Ich wünschte manchmal, ich könnte jedes Mal dabei sein, wenn einer von ihnen ahnungslos in der groben Welt unserer rüden Umgangformen erwacht, und mich verbeugen und sagen »*Shitsurei-itashimashita* – Jemand hat hier gerade seine Höflichkeit verloren. Bitte, nehmen Sie es nicht persönlich – wir sind tatsächlich so ...«

1 Rock 'n' Roll als Lebenseinstellung. **2** Am »Tag des Erwachsenwerdens« pilgern die 20-Jährigen in ihren Pelzkragenkimonos zum Schrein. **3** Aja Kong – eine berüchtigte Profi-Catcherin. **4** Blütenhostessen in Mito. Tausende Pflaumenbäume locken im Frühjahr Millionen Ausflügler an.

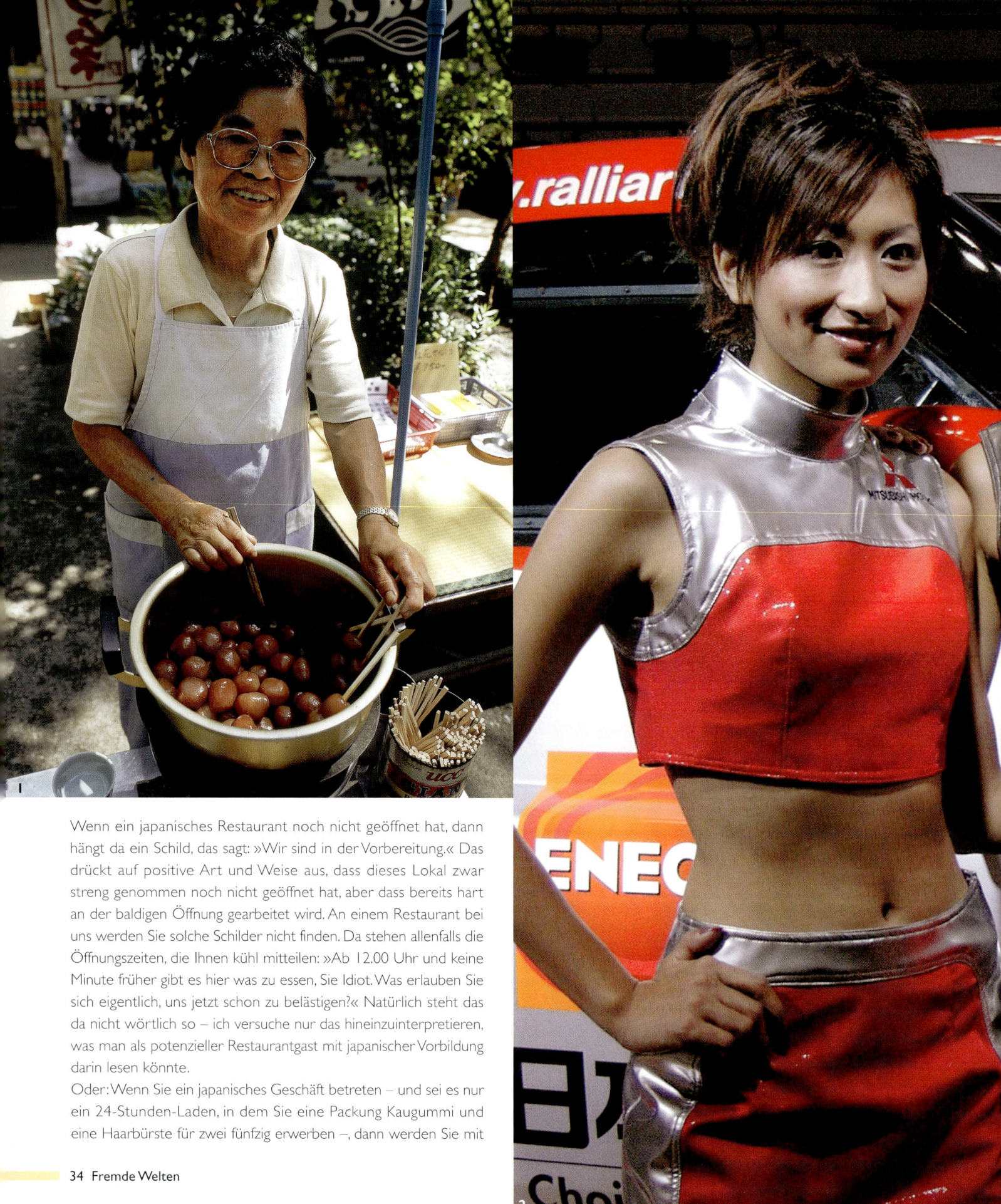

Wenn ein japanisches Restaurant noch nicht geöffnet hat, dann hängt da ein Schild, das sagt: »Wir sind in der Vorbereitung.« Das drückt auf positive Art und Weise aus, dass dieses Lokal zwar streng genommen noch nicht geöffnet hat, aber dass bereits hart an der baldigen Öffnung gearbeitet wird. An einem Restaurant bei uns werden Sie solche Schilder nicht finden. Da stehen allenfalls die Öffnungszeiten, die Ihnen kühl mitteilen: »Ab 12.00 Uhr und keine Minute früher gibt es hier was zu essen, Sie Idiot. Was erlauben Sie sich eigentlich, uns jetzt schon zu belästigen?« Natürlich steht das da nicht wörtlich so – ich versuche nur das hineinzuinterpretieren, was man als potenzieller Restaurantgast mit japanischer Vorbildung darin lesen könnte.

Oder: Wenn Sie ein japanisches Geschäft betreten – und sei es nur ein 24-Stunden-Laden, in dem Sie eine Packung Kaugummi und eine Haarbürste für zwei fünfzig erwerben –, dann werden Sie mit

einem glockenhellen »*irasshaimasse!* – Willkommen in unserem Laden!« begrüßt. Und wenn auch nur eine Person vor Ihnen an der Kasse war, dann wird der Kassierer sagen: »*Omatase itashimashita!* – Ich habe Sie, den verehrten Kunden, warten lassen und das tut mir Leid.« Und wenn er Ihnen den Kaugummi und die Haarbürste eingepackt hat, wird er tatsächlich sagen: »Vielen Dank für Ihren Besuch. Bitte beehren Sie uns bald wieder.«

Ist das nicht fabelhaft? Natürlich meint er das nicht wörtlich und im Prinzip können Sie ihm gestohlen bleiben – aber er sagt es trotzdem und das macht einen kleinen, aber bedeutenden Unterschied. Wie oft widerfährt einem dies an Deutschlands Ladenkassen? Und ist es nicht schön, wenn man an der Tankstelle nicht mal aussteigen

1 Die freundliche Dame verkauft Snacks aus *konyaku*, einer Gallertmasse aus Yamswurzelstärke. **2** Messehostessen auf der Tokyo Motor Show. **3** Auch Samurai-Darsteller müssen sich gelegentlich ausruhen.

Der Widerstand des Herrn Kitahara

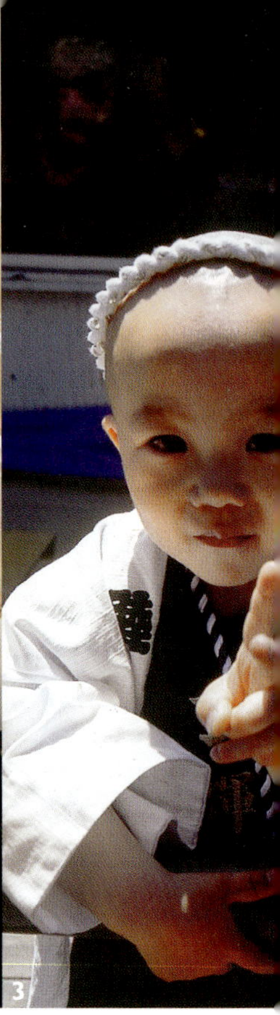

Herr Kitahara Koji ist Besitzer eines kleinen Textilladens im zur Präfektur Chiba gehörenden Städtchen Narita 60 Kilometer vor Tokyo. Er ist 84 Jahre alt und führt seit 40 Jahren den ebenso

aussichtslosen wie verbitterten Kampf gegen Tokyos Internationalen Flughafen an. Herr Kitahara ist der lebende Beweis dafür, dass Japaner zu außerordentlicher Hartnäckigkeit und Feindselig-

keit gegenüber ihren Autoritäten fähig sind, wenn sie ihre Prinzipien und Rechte verletzt sehen und sich ungerecht behandelt fühlen.

Als die Regierung Mitte der sechziger Jahre beschloss, einen neuen Flughafen zu bauen, wählte sie die Reis- und Gemüsefelder in Narita aus. Die betroffenen Bauern wurden nicht gefragt, weil man wohl vermutete, sie würden es als eine Auszeichnung empfinden. Dem war aber gar nicht so. Die Bauern widersetzten sich, wurden bald von radikalen Studenten unterstützt und der Bau des Flughafens entwickelte sich zu einem jahrelangen Zermürbungskrieg zwischen Polizei und Demonstranten mit Toten und Verletzten auf beiden Seiten. Die Proteste gegen die Startbahn West nehmen sich gegen die Kampfszenen in Narita aus wie ein fröhliches Picknick. Noch heute werden Papiere und Gepäck aller Passagiere überprüft, bevor diese auch nur in den Terminal gelangen – so tief sitzt das Trauma und die Angst vor den Flughafengegnern. Noch heute weigern sich einige Bauern standhaft, ihr Land zu verkaufen, damit der Flughafen vergrößert werden kann, und bauen unter donnernden Jets organisches Gemüse an. Und wer genau hinsieht, der wird bei Start oder Landung ihre Plakate sehen: »Down with Narita Airport«.

Herr Kitahara, der ständig von Zivilpolizisten beschattet wird und dessen Telefon überwacht wird, hat als Anführer eines besonders kompromisslosen Flügels der Flughafenfeinde Millionenbeträge, Jobangebote und Umsiedlungsvorschläge der Regierung samt und sonders abgelehnt. »Ich gebe niemals auf«, sagt er. »Es heißt immer, Japan sei eine Demokratie. Aber unsere Rechte hat man einfach missachtet!«

Japans Gesellschaft beruht auf Konsensdenken und Harmonie. Aber die fällt nicht vom Himmel, sondern ist das Ergebnis harter Arbeit und langer Verhandlungen. Und wer, wie damals die Regierung, die Spielregeln des Konsenses verletzt, der schafft sich auch im »Land des Lächelns« erbitterte Feinde.

muss, sondern freundliche, flinke Menschen nicht nur den Tank auffüllen, sondern auch – nach der Bitte um Erlaubnis – noch die Windschutzscheibe putzen und den Aschenbecher ausleeren? Erwartet man dies nicht von einer Dienstleistungsgesellschaft?

Man mag gar nicht anfangen, aufzuzählen, mit welchen blöden und unfairen Vorurteilen und Stereotypen die Japaner bei uns oder auch in anderen Ländern belegt werden. Vom kamerajonglierenden, dämlichen Touristen über den vom Tod durch Überarbeitung bedrohten, fanatischen Verwaltungsangestellten bis zum kühlen, furchteinflößenden Supermanager. Und das Schlimmste ist: Die Japaner geben den gröbsten Kritikern und Dummköpfen auch noch daheim ein Forum, weil sie es aus irgendeinem Grund lieben, über ihre eigenen Besonderheiten nachzudenken und sich von außen missverstehen zu lassen. Sie lieben es, über sich selbst den Kopf zu schütteln und dann doch so weiterzumachen, wie sie es gewohnt sind. Sie verschaffen jedem Hanswurst eine Bühne, eine Bestsellerauflage und hohe Einschaltquoten im Fernsehen, der sie lächerlich macht und über sie herzieht. Warum?

Sie haben ganz einfach Spaß an sich selbst. Sie brauchen uns wahrhaftig nicht, um sich gelegentlich urkomisch zu finden. Ich habe kein anderes Volk erlebt, das sich so herzlich über sich selbst amüsieren kann. Japaner genießen, dass sie etwas Besonderes sind.

1 Stolzer Teilnehmer am *matsuri*, einem religiösen Volksfest. 2 Fischhändler in Tsukiji, dem größten Fischmarkt der Welt. 3 Auch die Kleinsten werden zum *matsuri* stilecht herausgeputzt. 4 Glückliche Bäuerin auf Miyako-Jima, Okinawa, bei der Zuckerrohrernte. 5 Öko-Bauer Onishi ist besonders stolz auf seine dicken Rüben.

»Wareware nihonjin – wir Japaner...« Will sagen: wir Japaner und der Rest der Welt. An dem sind sie sehr interessiert und besonders auch daran, was der Rest der Welt über sie denkt, und niemand wird ein für neue Ideen, Rezepte und Moden aufnahmefreudigeres und -fähigeres Volk finden. Aber ändern wollen sie sich nicht. Gut so.

Die Japaner haben zweifellos weltweit ein ziemliches Imageproblem. In ihrer asiatischen Nachbarschaft sind sie oft bewundert – gebietsweise aber auch bitter verhasst. Besonders bei den Chinesen, die ihnen nicht vergeben können, was sie zwischen 1937 und 1945 in ihrem Land angerichtet haben (was sich die Japaner mehrheitlich bis heute hartnäckig weigern, einzugestehen). Im Westen, wo keiner sehr viel über ihr Land und ihre Gesellschaft weiß, gelten sie als mindestens sonderbar, wahrscheinlich undurchsichtig und im schlimmsten Fall als gefährlich.

Japaner verbeugen sich in unserer Vorstellung und sagen immer »*hai, hai*«, und natürlich lächeln sie unablässig und grundlos. Letzteres allerdings stimmt, denn Japaner sind schon von Natur aus sehr freundliche Menschen. Und sie haben in ihrer langen Geschichte auf beengtem Raum eine höchst angenehme Kultur des Miteinanders entwickelt, die auf gegenseitigem Respekt und Höflichkeit beruht – und darauf, dass sie schlichtweg nicht wahrnehmen, wen sie nicht kennen.

Wer von uns das amüsant und belächelnswert findet, der verdient den Ärger, den er mit seinen Nachbarn hat. Und wer sich mal in ein Auto setzt und ein paar Kilometer im Tokyoter Straßenverkehr zurücklegt, der wird verwundert feststellen, dass Autofahren auch

Herr Nishida hat überlebt

Am 9. August 1945 arbeitete Herr Nishida Hideo wie immer in der unterirdischen Torpedofabrik von Mitsubishi in seiner Heimatstadt Nagasaki. Die Atombombe explodierte an diesem Morgen genau über seinem Viertel, dem dicht besiedelten Stadtteil Urakami, in dem die größte christliche Gemeinde

Japans beheimatet ist, der auch Herr Nishida angehört. Überall lagen Leichen herum, man konnte kaum einen Schritt setzen, ohne auf einen Toten zu treten, berichtet er. Manche sahen von weitem aus wie verkohlte Bäume, ihre Arme waren schauerlich ausgestreckt, als bettelten sie verzweifelt um Hilfe. Erst am Abend hatte Herr Nishida den Weg durch die völlig zerstörte Stadt und zurück zu den Trümmern seines Vaterhauses gefunden. Im Laufe der nächsten Tage starben alle seine sieben Geschwister an den Folgen der atomaren Strahlung. Obwohl sie nicht verstehen konnten, warum Gott ihnen diese schwere Strafe auferlegt hatte, sagt Herr Nishida, errichteten die Christen von Nagasaki mit vereinten Kräften eine neue Kirche, noch bevor sie ihre Häuser wieder aufbauen konnten. – Noch heute geht Herr Nishida trotz seiner 84 Jahre jeden Morgen um sechs Uhr zur Frühmesse in die Urakami-Kirche.

1 Das getrocknete Seegras aus Shimoda ist im ganzen Land als Frühstücksbeilage begehrt. **2** Ein verletzter Held, der beim Onbashira-Matsuri (siehe S. 167) vom Baumstamm fiel. **3** Gut gelaunter Sushi-Koch. **4** Fischer auf der Izu-Halbinsel.

ohne Hupe und ohne Drängeln möglich ist. Nein, nicht etwa, weil es keinen Anlass zum Hupen gäbe, sondern weil das unhöflich, ja grob wäre und die Japaner derartige Exzesse möglichst vermeiden. Ich kann mir diese höchst angenehme Form des Miteinanders nur durch die hohe Bevölkerungsdichte und oft drangvolle Enge in den Städten erklären, die es jedem Menschen abverlangen, seinen Mitmenschen zu ignorieren und gewähren zu lassen – auch wenn er mitten auf der Fahrbahn parkt und hinter dem Steuer Zeitung liest. Offenbar weiß jeder, dass ihm das auch mal passieren kann.

Natürlich sind Japaner auch keine besseren Menschen. Sie sind zu ganz außergewöhnlicher Sturheit fähig, manche, meist solche in sehr teuren Anzügen oder Uniformen, können schmerzhaft arrogant sein. Andere wiederum verblüffen mit übertriebener Unterwürfigkeit, viele haben einen hässlichen Hang zum Rassismus, andere schummeln bei ihrer Steuererklärung, heben von ihnen verursachte Abfälle nicht auf oder begehen Gewaltverbrechen – und das zeigt nur, dass es völlig abwegig ist, von »den Japanern« zu sprechen, »die Japaner« zu mögen, nicht zu mögen, zu bewundern, zu fürchten, zu verachten oder zu belächeln.

Und keiner von uns, das garantiere ich, möchte und könnte sich, so sehr er dieses Volk auch liebt und sein Miteinander bewundert, den erdrückenden Zwängen der japanischen Gesellschaft unterwerfen.

Glück im Alter: Frau Okushima

Frau Okushima Ushi ist 100 Jahre alt, kerngesund und »fit wie ein Turnschuh«, was sie unter anderem darauf zurückführt, dass sie jeden Morgen mit den Hühnern aufsteht, zum nahe gelegenen Strand geht und ihre Frühgymnastik macht. Abends vor dem Schlafengehen trinkt sie ein paar Gläschen hochprozentigen, gezuckerten Beifuß-Likör. Frau Okushima wohnt im Dörfchen Ogimi im Norden von Okinawa, dem Ort in Japan, in dem, auf die Einwohnerzahl bezogen, die meisten

Hundertjährigen leben. Die Japanerinnen verteidigen den Spitzenplatz als älteste Frauen der Welt seit vielen Jahren mit nunmehr durchschnittlich 85,12 Jahren, während die Männer (im Durchschnitt 78,32 Jahre) auf Platz zwei hinter den fidelen Hongkonger Greisen liegen. Forscher führen die überdurchschnittliche Robustheit der Menschen in Ogimi vor allem auf ihre Ernährung zurück: wenig Salz, dreimal mehr Gemüse als etwa im nördlichen Japan und auch deutlich mehr Tofu und – nahrhaftes und sehr fettiges Schweinefleisch. Ebenso wichtig wie die Ernährung ist für ein langes und gesundes Leben nach Expertenmeinung aber auch die ausgesprochen herzliche und offene Art der Menschen in Okinawa und die Tatsache, dass die Alten hier nicht ausgegrenzt und abgeschoben werden, sondern arbeiten, mitbestimmen, mitfeiern und am Dorfleben teilhaben.

In Ogimi ist heute bereits jeder dritte Einwohner über 65, auf jeden Berufstätigen kommt ein Rentner, der unterstützt werden will. Kein Land der Welt ergraut schneller als Japan. Schon heute sind 19 Prozent der Bevölkerung über 65, die Geburtenrate sinkt stetig und ähnlich wie bei uns weiß kein Mensch, wie man das alles in Zukunft finanzieren soll. Jedoch wächst der Besucherstrom aus dem In- und Ausland nach Ogimi, ins Reich der glücklichen Alten, an.

Mädchen, Manga, Maskenball
Kosupuree – Jugend im Verkleidungsfieber

Manchmal kann man sich des Eindrucks nicht erwehren, dass sich ein Teil der Besatzung des japanischen Raumschiffs bereits aus der diesseitigen Wirklichkeit verabschiedet und beschlossen hat, sein Leben als weitere Folge eines der überaus beliebten Manga, der Comics, zu führen. Der Eindruck befällt den Beobachter meist an Wochenenden, wenn sich in manchen großstädtischen Parks die *Kosupuree*-Gemeinde versammelt. *Kosupuree* – eine Verballhornung des englischen *costume play* – heißt so viel wie Maskerade und es bietet eine kleine Flucht aus dem stressigen Alltag, aus dem Korsett des schulischen Leistungsdrucks und den gesellschaftlichen Zwängen. Vor nörgelnden Eltern, blöden Vorgesetzten und bösen Lehrern. Es verdeutlicht aber auch den diesem Volk innewohnenden Wunsch nach straffreier Überschreitung aller Geschmacksgrenzen, zumindest auf überschaubarem Raum für begrenzte Zeit.

Zum *kosupuree* legt die Jugend vergnügt ihre meist mit sehr viel Mühe selbst geschneiderten Kostüme an, schlüpft in eine andere Identität und posiert in der Gestalt mehr oder weniger malerischer Traumfiguren: als Prinzessin, Weltraumheld und -schurke, als Häschen, Hobbit oder Heidi. Beliebt sind auch die bösen Krankenschwestern mit blutigen Augenklappen und Vampirzähnen, die KZ-Aufseherinnen mit Ketten und Hakenkreuz-Armbinden und die puppenhaften Rüschenkleider in Rosa und Hellblau, mit Häubchen, Korkenzieherlocken und zahlreichen Schleifchen.

Kosupuree ist an der Oberfläche malerisch und exotisch und mag dem Durchreisenden wie das bunte Aufbegehren einer geknechteten Jugend erscheinen, die von Montag bis Samstag nickend jede Schikane erdulden muss und wenigstens am Sonntag mal die Sau rauslassen will. Und dankbarere Fotomotive findet man auf der ganzen Welt nicht. Aber bitte immer vorher fragen – das gebietet die Höflichkeit. Und das ist genau der Punkt.

Es enthüllt sich nämlich bei näherem Hinsehen eine sonderbare und irgendwie unheimliche, symbiotische Beziehung zwischen den Verkleideten und ihren Fotografen. Die Verkleideten sind meist Schulmädchen und auch junge Frauen, vermutlich solche mit Akzeptanzproblemen am Arbeitsplatz und im Freundeskreis.

1 Korkenzieherlocken und Häubchen – ein immer wiederkehrendes Motiv auf den großen *Kosupuree*-Events. **2** Superhelden in ihren selbst gebastelten Weltraumanzügen. **3** Gute Genesung wünschen die »bösen Krankenschwestern«. **4** Viele Hunderte erscheinen verkleidet zum Posieren vor den Kameras.

Die Fotografen wiederum sind meist reifere Herren oder auch junge Männer mit vielleicht noch schwerer wiegenden Kontaktproblemen, die mit ihren teuren Fotoausrüstungen auf der Pirsch sind und sich ihrerseits dahinter verstecken. Sie sammeln die Fotos der, sage ich mal, unglücklichen Mädchen, die sich für jede noch so laszive oder kindische Pose hergeben, in Alben, stellen sie ins Internet und prahlen damit herum.

Ein solcher *Kosupuree*-Event ist bei aller Farbenpracht, Exaltiertheit und der scheinbaren Ausgelassenheit wie ein bizarrer, trauriger Gesellschaftstanz der Verklemmten und Zukurzgekommenen. Ohne Freude und Vergnügen. So habe ich es jedenfalls empfunden. Auch wenn dabei viel gelacht wird – meistens viel zu laut. Obwohl viele Victory-Zeichen gegeben werden und vieles darauf hinzudeuten scheint, dass Japan auf lange Sicht nicht mehr zu retten sein könnte, weil ein Teil seiner Jugend eine empfindliche Schraube locker hat. Ich bin jedoch bereit, hohe Wetten darauf abzuschließen, dass sich das *kosupuree* im Schlepptau der Manga und Computerspiele früher oder später auch bei unserer Jugend einschleichen wird.

Mir kam das *kosupuree* eher vor wie ein zwanghaftes Ritual aus der Verzweiflung missverstandener Mädchen, die nach Aufmerksamkeit

gieren und wenigstens für einen Tag und einen Klick gerne einmal begehrte Models und Stars sein wollten, und der lechzenden Neugierde lüsterner, älterer Herren. Wer einmal rüde, unfreundliche und direkt feindselige Japaner erleben will, der sollte versuchen, die Fotografen statt ihrer minderjährigen Models zu fotografieren. Diese Fotografen, die sich in Schlangen aufstellen, um ein begehrtes Model in aufreizender Pose für ihr eigenes Archiv oder ihre Internetseite abzulichten. Sie wissen genau, dass ihre Fotos nicht aus rein künstlerischen Gründen entstehen, sondern eher aus schmutzigen.

Aber den unheimlichsten Schauer wird vielleicht erleben, wer einige der etwas höher gewachsenen und ganz hinter Masken, fleischfarbenen T-Shirts und Strumpfhosen verschwundenen Gestalten ansprechen will – sie antworten nämlich nicht, allenfalls schriftlich –, denn in den Kostümen vieler beliebter Manga-Heldinnen stecken junge Männer.

1 Zu jeder »Schönen« … **2** … gehört immer auch ein »Biest«. **3** Bitte hinten anstellen – für eine kurze Fotosession mit den begehrtesten Models. **4** Masken bieten schon den Kleinsten erste Fluchtmöglichkeiten. **5** Die Zivilklamotten werden im Koffer mitgebracht. **6** Jede hat ihre Posen. **7** Weltraumpatrouille – eine beliebte Manga-Serie. **8** Der junge Mann teilte schriftlich mit, dass er kleine Kinder sehr gerne mag.

Japan hinter der Maske

Das Bedürfnis, sich gelegentlich hinter einer Maske zu verstecken, in eine andere Rolle zu schlüpfen und dadurch den strengen Regeln des Alltags zu entkommen – wobei üblicherweise diese Rolle genau festgelegt ist und wenig gestalterische Freiheiten bietet –, ist bereits aus dem 6. Jahrhundert überliefert, als die ersten Masken in Japan auftauchten. Holz-, Lack-, Papier- oder Tonmasken gehören schon seit jeher zu den darstellenden Künsten, zum Tanz und zur Religion. Das *Noh*-Theater greift auf einen Grundstock von nicht weniger als 200 Masken zurück. Die Moderne hat diese alte Tradition um zahlreiche Motive aus den Bereichen von Mickymaus, Hello Kitty, Puh, dem Bären und diversen Superhelden bereichert. Und man wird kein Schreinfest und keinen Rummelplatz finden, auf dem nicht quengelnde Kinder den bunten Stand des Maskenmannes belagern.

5

6

7

8

Feuchtgel für Fifi
Kawaii! – Die Japaner und ihre Tiere

»Bei Ihnen im Westen waren Hunde immer nützlich. Auf der Jagd, als Wächter oder beim Hüten der Herde. Wir in Japan haben diese Tradition nicht«, erklärt der Psychiater Dr. Sakai Kazuo, den ich mal um eine tiefenpsychologische Erklärung für Japans unglaubliche Hundeliebe bat. »Bei uns müssen Hunde nicht arbeiten, sondern dienen einzig und allein dem Liebhaben ...«

Hunde müssen heute in Japan nicht nur nicht arbeiten – die meisten müssen nicht einmal selbst laufen. Weil sie, Schleifchen im Haar, in Taschen stecken oder auf Herrchens oder Frauchens Arm spazieren getragen werden und es bedarf eigentlich keiner besonderen psychologischen Einsichten, um zu erkennen, dass Chihuahuas, Möpse und Dackel für viele Menschen in den Großstädten die Rolle von Ersatzkindern spielen. Während Japans Geburtenrate in alarmierendem Maße abnimmt und es im Jahr 2050 nur noch 100 Millionen Japaner (statt wie jetzt 127 Millionen) geben wird, hat sich die Zahl der registrierten und reinrassigen Hunde von 1990 bis 2002 auf 537 648 fast verdoppelt und im selben Zeitraum stieg die Zahl der hier vertretenen Rassen von 106 auf 149. Was ist das für eine Welt, in der Hundehalter ihren Tierarzt auf 33 000 Euro Schmerzensgeld verklagen, weil dieser angeblich den Diabetes ihres neun Jahre alten Spitzes nicht korrekt behandelt hat, woraufhin der Spitz verstarb? Was ist das für eine Welt, in der die Industrie einen Jahresumsatz von umgerechnet sieben Milliarden Euro für Haustier-Bedarf erwarten darf? Für Anti-Aging-Hautcreme und Hundefutter mit Gemüse aus biologischem Anbau. Für Fressnäpfchen aus der Töpferwerkstatt und antiallergenes Hunde-Shampoo und ein nicht mehr zu übersehendes Angebot an T-Shirts, Hemdchen, Höschen und Anzügen? Längst gibt es Hotels und Cafés und Restaurants, Fitnessstudios und Friseursalons für Hunde und neuerdings gibt es in Tokyo auch ein Hunde-Badehaus mit Feuchtgelmassage für den neurotischen Dackel sowie dem heißen Entspannungsbad. Und in der Lobby sitzt ein Hunde-Hellseher, der dem Fifi die Zukunft voraussagt.

»Kawaii« – ist der Jubelschrei und auch böse Fluch des modernen Japan. Kawaii heißt »süß, niedlich« und es ist der meist im halb hysterischen Falsett erklingende Schlachtruf einer ganzen Generation, die mit Hello Kitty aufgewachsen ist, die Mickymaus und Mon-

1 Zusammenrottung von verdächtigen Raben. **2** Eine Katze dient immer wieder als schickes Modeaccessoire bei Erledigungen in der Stadt. **3** Trauriges Bärengefängnis in Hokkaido. **4** Hunde im Handtaschenformat sind besonders beliebt.

Die Sandsauna des Dr. Hashiguchi

Dass, was dem Menschen gut tut, auch der Kreatur nicht schaden kann, ist die Hypothese des Tierarztes Dr. Hashiguchi, eines jener bezaubernden Aussteiger und Individualisten, wie man sie in Japans angeblicher Eintopf-Gesellschaft mit schöner Regelmäßigkeit findet. Der Tiernarr Dr. Hashiguchi hat seinen Job an der Universität in Tokyo an den Nagel gehängt und kreuzt seitdem mit einem zur fahrenden Tierklinik umgebauten Bus durch die malerische Landschaft des südlichen Kyushu. Dort unterzieht er seine vierbeinigen Patienten der mutmaßlich heilsamen Sandsauna, für welche die Strände des benachbarten Städtchens Ibusuki im ganzen Land

bekannt sind. Dr. Hashiguchi wickelt die Tiere liebevoll in einen Leinensack und gräbt sie im heißen Sand ein, sodass nur noch der Kopf herausschaut. Das hilft gegen Hauterkrankungen und gegen Parasiten. Ganz nebenbei dient es der Entspannung. Diese Behandlung wird auch bei hypernervösen und neurotischen Hunden empfohlen – und welches Tier, das ein japanisches Hundeleben führt, wäre das wohl nicht?

1 Rehe bevölkern die Tempelbezirke der alten Hauptstadt Nara und lassen sich gerne auf Fachgespräche mit Touristen ein. **2** Ob der Hund sein Bad tatsächlich genießt, ist umstritten. **3** Frauchen hat stets ein Häppchen parat. **4** Die traditionsreiche Affenshow. **5** Der Fuchs als Götterbote – an jedem Shinto-Schrein ist er anzutreffen. **6** Der Dachs als fröhlicher Zecher – ein Symbol der Gastfreundschaft.

cchichi für kulturelle Errungenschaften hält und mit zunehmender Verzweiflung etwas Knuddeliges zum Liebhaben sucht. Am liebsten etwas, das Pink tragen kann und große, traurige, schwarze Augen hat. Das erschreckt mich nicht nur, weil es in Japan so weit verbreitet ist, sondern weil es, dank Globalisierung und den universalen Regeln der postindustriellen Gesellschaft, unweigerlich auch bei uns irgendwann so weit kommen wird. Die Japaner sind nicht etwa sonderbar und spleenig – sie sind uns in manchen Bereichen einfach nur ein paar Schritte voraus.

Mit dem Schlachtruf »kawaii« stürzen sich selbst ältere Damen auf ein Frettchen an der Leine oder gesellen sich zum dankbaren Publikum der Affenshows, mit denen seit dem tiefsten Mittelalter fahrendes Volk die Besucher der Schreine und Tempel unterhält. *Saru-mawashi,* die alte Kunst der Makakendressur, ist auch im heutigen Japan ein weit verbreitetes Gewerbe und beweist, dass es in diesem Land Tradition hat, Tieren Menschenähnliches abzuverlangen, um damit einen Lacher, ein verzücktes »kawaii!« und ein erstauntes Raunen zu ernten.

Tiere haben in Japans langer Geschichte, seinem Volksglauben und seinem Legendenschatz einen festen Platz. Häufig, wie zum Beispiel die Affen, die Füchse oder auch die Krähen, als Götterboten. Darstellungen von Tieren gehören zum religiösen Leben – an jedem

Shinto-Schrein wird man Skulpturen von Füchsen finden, denen von alters her die Gabe angedichtet wurde, Menschen zu verhexen (was vermutlich, wie so vieles, aus China kam, wo der Fuchsgeist als tückischer Falschspieler gefürchtet ist). Ganz ähnliche, aber auch Entertainment-Fähigkeiten werden dem *tanuki,* dem Dachs oder Waschbär zugeschrieben, den man als ebenso liebenswerte wie hässliche Töpferskulptur mit Strohhut, Sakekrug und dickem Bauch als fröhlich-angesäuselten Grußaugust vor vielen Restaurants findet, wo wiederum auch die *maneki-neko,* die allgegenwärtige »Einlad-Katze«, steht. Mit erhobener rechter Pfote soll sie Geschäftserfolg und Glück in ein Lokal oder einen Laden bringen. Auch die japanischen Rehe *(shika)* sind in der Shinto-Religion heilige Tiere und bevölkern die Parkanlagen etwa auf der Insel Miyajima oder besonders in der uralten Hauptstadt Nara.

Bei den inzwischen so gut wie ausgestorbenen Ureinwohnern von Hokkaido, den Ainu, galten die bereits erwähnten Bären, die Furcht erregenden *higuma* – Verwandte des nordamerikanischen Grizzly – als Gottheiten. Der Höhepunkt ihres religiösen Lebens war das Bärenfest, anlässlich dessen ein im Dorf großgezogener Bär drei Tage lang geehrt wurde und stellvertretend für seine Artgenossen den Dank der Menschen für Bärenfell und Bärenfleisch entgegennehmen durfte. Am Ende des Festes wurde der Bär feierlich er-

drosselt, damit er ins Bärenparadies eingehen konnte. Außerhalb seiner großzügigen Wälder ist Hokkaido aber heutzutage alles andere als ein Bärenparadies und eine rituelle Erdrosselung wäre vermutlich eine Gnade für die bemitleidenswerten Kreaturen, die in den zahlreichen »Bärenparks« der Insel in Röckchen auf Fahrrädern herumschwirren müssen, in schmutzigen Käfigen oder betonierten Freigehegen ihr trauriges Dasein fristen.

Die Krähen wurden seit alter Zeit als Götterboten angesehen, dienen aus einem mir unerfindlichen Grund dem japanischen Fußballverband als Wappentier und sind neben Lautsprecherdurchsagen und Klingeltönen der eigentliche Terror Tokyos. Tokyos Krähen sind bei näherem Hinsehen groß gewachsene Kolkraben mit fiesen, messerscharfen Schnäbeln, bei deren Anblick man besser die Straßenseite wechselt. Bis zu 30 000 dieser gefiederten Hooligans sind in der japanischen Hauptstadt heimisch und ihr Krächzen ist das frühmorgendliche Konzert, besonders an den Tagen, an denen der Müll abgeholt wird. Japan glaubt nicht an die Mülltonne – für die beim besten Willen in den engen Straßen auch kein Platz ist –, sondern entledigt sich seines Unrats in Plastiktüten, die sich an den Sammelpunkten zu eindrucksvollen Gebirgen auftürmen. Natürlich sind die Tüten von gierigen Schnäbeln schnell zerhackt und schon fällt eine ganze Krähensippe über die Spaghettireste vom Vorabend

her. Sobald das erledigt ist, fliegen sie in Scharen zum nächsten Balkon und da klauen sie der braven Hausfrau ihre drahtigen Kleiderbügel von den soeben vom lauten, durchreisenden Bambuswäschestangenmann erworbenen Bambuswäschestangen. Kleiderbügel nämlich sind das bevorzugte Material für den Nestbau. Eine Krähe mit einem Kleiderbügel im Schnabel, einer Scheibe Toast oder sogar einer Plastikflasche Mayonnaise, die in Krähenkreisen als besonderer Leckerbissen gilt, ist in Tokyo keine Seltenheit.

Japans höchste Wertschätzung (und dies bezieht sich auch auf den Preis, den die Halter für sie zu zahlen bereit sind) gilt der glücklicherweise schweigsamen und edlen Gattung der *koi*, der Zierkarpfen. Nach einer alten chinesischen Legende schwamm einst ein Karpfen stromaufwärts und wurde ein Drache. Seither gelten die Fische als ein Symbol für Erfolg und um den 5. Mai herum, dem »Tag der Kinder«, hissen stolze Eltern landesweit die bunten Karpfenfahnen *(koi-nobori)*, mit denen sie der Hoffnung Ausdruck verleihen, dass ihr männlicher Nachwuchs es im Leben zu etwas bringen möge. Wenn ein Japaner von irdischem Reichtum träumt, dann

1 Tokyos Raben beim morgendlichen Müll-Überfall. **2** *Koi* – der Gegenwert eines Sportwagens als Fisch im Teich. **3** Sachverständiges Staunen über den Gewinner des landesweiten *Koi*-Wettbewerbes. **4** *Koi-nobori*, die Karpfenfahnen, die im Frühling über dem Land wehen.

Geliebte Nervensägen

Auch Insekten werden mit geradezu kultischer Begeisterung verehrt, zum Beispiel Hirschkäfer, deren Kopfpanzer den historisch versierten Käferfreund an die Rüstungen der Samurai erinnert. Die eigentliche Königin der Schaben aber ist die *semi,* die japanische Zikade, die nach der Regenzeit in der erdrückenden Hitze des Sommers in Erscheinung tritt. Vergessen Sie alles, was Sie bei Ihren Reisen in südliche Länder von Zikaden gehört haben. Stellen Sie sich vor, im Kirschbaum vor ihrem Schlafzimmerfenster säße ein Mann mit einer Motorsäge, dessen Dienst bei Sonnenaufgang beginnt, also ab fünf Uhr nachtschlafender Zeit. Ich weiß nicht, wie diese nur daumengroßen Gesellen es schaffen, einen derartigen Lärm zu generieren, aber das Ergebnis ist niederschmetternd. Schon dem großen japanischen Poeten Basho entwichen im

17. Jahrhundert die bemerkenswerten Zeilen: »Stille. Der Gesang der *semi* durchdringt den Fels.« Dabei nehmen die Japaner das Schnarch-, Schnarr- und Sägekonzert nicht als lästigen Lärm zur Kenntnis – im Gegenteil: Sie lieben ihre *semi.* Denn diese Tiere verkörpern eines ihrer romantischen Ideale. Sie schlummern jahrelang im Erdreich, um sich dann für nur wenige Tage zu entpuppen, einen Heidenkrach zu machen, sich fortzupflanzen und dann zu sterben. Für ein Volk, das so verliebt ist in die Vergänglichkeit und das tapfere Durchhalten angesichts überwältigender Widrigkeiten zu einer Art Religion erklärt hat, sind diese *semi* bewundernswerte Nervensägen von allerhöchster Symbolkraft.

gehört dazu neben dem Ferrari allemal die Vorstellung eines Gartenteichs, in dem ein Schwarm der prachtvollen Zierfische majestätisch seine Runden zieht. Und auch bei uns hat sich die *Koi*-Ästhetik, parallel zum Siegeszug der Sushi, längst durchgesetzt. Zwar werden für die Fische mit gefälligem Muster, mit stromlinienförmigen Körpern und leuchtenden Farben heute nicht mehr die Unsummen gezahlt, die in den goldenen achtziger Jahren des 20. Jahrhunderts üblich waren – gerne auch mal umgerechnet 300 000 Euro –, aber immer noch sind die preisgekrönten Superfische, die alljährlich bei der gigantischen Show des japanischen *Koi*-Züchterverbandes ermittelt werden, ihr Gewicht in Gold wert. Meistens noch einiges mehr...

Bereit sein ist alles
Das nächste Beben kommt bestimmt

Ein Tier ist übrigens im alten Volksglauben für Erdbeben verantwortlich: In der Vorstellung der *Edo*-Zeitgenossen des Mittelalters hauste irgendwo unter der Erde ein riesiger Wels, der durch seine Bewegungen die Welt erzittern ließ. Es gibt inzwischen wissenschaftlich einleuchtendere Erklärungen, aber die ändern nichts an der Tatsache, dass eine der schwer zu akzeptierenden Besonderheiten dieses Landes unglücklicherweise darin besteht, dass es gelegentlich und ohne Vorwarnung ungeheuer zu wackeln beginnt. Japan liegt sehr ungünstig direkt an der Schnittstelle dreier Erdplatten, der Asiatischen, der Pazifischen und der Philippinischen, und es wird von widerstreitenden Erdgewalten buchstäblich auseinander gerissen. Das wird auf lange, zum Glück sehr lange Sicht dazu führen, dass der ganze Staat komplett im Meer versinkt. Heute bebt es nur – unaufhörlich. Über 100 000 Erdstöße pro Jahr messen die empfindlichen Sensoren, die im ganzen Land vergraben sind – ungefähr 1000 sind von Menschen spürbar. Ich schätze, dass man zum Beispiel in Tokyo in einem durchschnittlichen Jahr so etwa 30 Mal zusammenzuckt und denkt: Oh weh … ist es etwa jetzt so weit …?! Die kleinen Beben, Stärke 1 oder 2 auf der japanischen Skala, sind sanft und fast spielerisch. Sie führen allenfalls zu der Frage: »Hast du das gespürt?« und zu der Antwort: »Nein, was denn?« und wecken, wenn sie sich des Nachts anschleichen, nur die empfindlichsten Schläfer auf. Stärke 3 aber erschreckt jeden und es knackt unheilvoll im Gebälk. Bei Stärke 4 klappern die Schranktüren und Stärke 5 lässt dazu noch die Wohnungstüren wummern, die Gläser im Schrank klirren, die Bilder an der Wand schaukeln und veranlasst zu besorgten Blicken in Richtung des stabilen Esszimmertisches oder der Türrahmen, unter die schleunigst sich zu verkriechen bei Stärke 6 oder gar 7 empfohlen wird.

Bei jeder Stärke schaltet man flugs den Fernseher ein, denn innerhalb von Sekunden haben alle Sender eine Erdbebenwarnung eingeblendet, das öffentlich-rechtliche NHK bietet meist innerhalb von Minuten genaue Angaben zu Magnitude und Epizentrum und zu der Frage, die vor allem die Küstenbewohner interessiert: Besteht die Gefahr einer *tsunami,* einer Springflut?

Erdbeben haben die Eigenschaft, niemals dann zu kommen, wenn man darauf gefasst wäre. Oder wenn man sich gerade auf einer

1 Freiwillige Helfer bei der Bergung eines Opfers. 2 Schock auf Knopfdruck – eine Familie lässt sich im Simulator durchschütteln. 3 Appell zum Desaster-Drill. 4 Das große Erdbeben in Kobe forderte 1995 mehr als 6000 Menschenleben.

weiträumigen Wiese aufhält und einem nichts auf den Kopf fallen könnte. Erdbeben kommen aus Prinzip immer dann, wenn man in der Badewanne sitzt, im Zahnarztstuhl oder im Auto, im Stau auf einer Brücke oder wenn man hoch über der Stadt die Aussicht genießen will. Deswegen hilft nach einhelliger Expertenmeinung nur eines: immer vorbereitet und auf alles gefasst sein. Was allerdings auf die Dauer sehr ermüdend sein kann und wenn wochenlang nichts geschieht, fühlt man sich schon wieder viel zu sicher.

Mit ihrer beneidenswerten Fähigkeit zur selektiven Wahrnehmung gehen die Japaner auch das Problem der Erdbeben an: Sie ignorieren es einfach. *Shigata-ga nai* – da kann man nichts machen. Zwar gibt es regelmäßig Katastrophenübungen und besonders am 1. September, dem landesweiten Erdbeben-Bereitschafts- und Jahrestag des großen Kanto-Bebens, dem 1923 etwa 140 000 Menschen zum Opfer fielen, werden überall Evakuierungen durchexerziert – aber so recht will doch offenbar niemand an die Gefahr glauben. Selbst wenn mittlerweile jeder wissen sollte, dass bei einem großen Beben zum Beispiel in Tokyo tausende Menschen sterben werden und auf nichts mehr Verlass sein wird. Die Behörden geben freimütig zu, dass sie mindestens drei oder vier Tage brauchen, bis sie wieder funktionieren – und in dieser Zeit wird jeder Überlebende auf sich allein gestellt sein.

Kein Wasser, kein Strom, kein Telefon. Verkehr zusammengebrochen, nichts zu Trinken und zu Essen. Überall brennt es und keine Feuerwehr weit und breit – das ist das Horrorszenario eines großen Erdbebens in Tokyo.

Nach dem großen Erdbeben von Kobe 1995 wurden nur zwei Prozent der Verletzten und Verschütteten von Bergungsmannschaften und Rettungsteams in Sicherheit gebracht. 98 Prozent wurden von Familie, von Freunden und Nachbarn gerettet. Deswegen gibt es in jedem Distrikt Freiwillige, auf deren Hilfe die Nachbarschaft angewiesen sein wird. Das sind überwiegend alte Menschen, Rentner und Pensionäre wie Herr Ishiyama, der ehemalige Schuldirektor und seine 26 Mitstreiter im Bezirk Arakawa im Tokyoter Osten. Herr Ishiyama Mitsuo ist 80 Jahre alt und er schläft manchmal in seinen Kleidern, um immer einsatzbereit zu sein – so ernst nimmt er es mit seiner Verantwortung. Alle zwei Monate treffen sich die Männer und Frauen und spielen den Ernstfall durch. Sie tragen auf dem Rücken Verletzte aus Häusern, legen mit Kettensägen Verschüttete frei, testen ihr aus Anti-Krähen-Netzen selbst geknüpftes Sprungnetz und leisten erste Hilfe. Während die Frauen die Notrationen aus Gemüsereis mit heißem Wasser aufkochen. Auf ihre Hilfe werden im Ernstfall hunderte Nachbarn angewiesen sein – auch und besonders die junge Leute, die sich gerne vor der Teil-

Alarm im Zoo!

Bei aller Grausamkeit und Willkür der Naturgewalten – man ist in Japan bewundernswerterweise stets bemüht, einer auch noch so grimmigen Wirklichkeit eine heitere Note abzugewinnen. Und so ist einer der dramatischen und humoristischen Höhepunkte des Jahres stets die Katastrophenübung, die abwechselnd von den beiden großen Tiergärten der Hauptstadt, Ueno und Tama, abgehalten wird. Zu diesem Zweck wird ein Mitarbeiter in ein Tierkostüm gesteckt. In diesem Fall trifft es Frau Sakai aus dem Insektarium, die sich als Schnee-

leopard verkleiden muss. Das Szenario ist haarsträubend: Bei einem Erdbeben ist der Käfig aufgebrochen und das wilde Tier streift blutdurstig durch den Zoo. Zur Übung ist eine Hundertschaft von Feuerwehrleuten, Hilfspolizisten und Tierwärtern aufmarschiert und hat sich mit Wasserwerfer, Funkgeräten, Fangnetzen und Betäubungsgewehr bewaffnet. Sie sammeln sich am Hirschgehege, wo es zum Showdown mit der entsprungenen Großkatze kommen soll. Frau Sakai, die in ihrem putzigen Kostüm elend schwitzt und kaum Luft bekommt, ist über Funk mit einem Lotsen verbunden, denn sie kann so gut wie nichts sehen. Wankend setzt sie sich, verfolgt von gut gelaunten, glucksenden Kamerateams und Pressefotografen, in Bewegung. Ab und zu hebt sie zum Entzücken der Pressemeute die Arme, was bedrohlich wirken soll. Ob sie auch der Aufforderung, doch mal zu fauchen, nachgekommen ist, lässt sich nicht mit Gewissheit sagen, weil das dicke Fell ihres Kostüms jeden Laut verschluckt. Etwa eine halbe Stunde braucht sie für die 300 Meter bis zum Hirschgehege, wo sie von flinken Helmträgern mit einem Netz umzingelt und mit Wasser aus dem Wasserwerfer bespritzt wird, das den Boden aufweicht. Im Morast bleibt der Verfolgungswagen mit dem Betäubungsschützen stecken, während Frau Sakai einem unvorsichtigen Katastrophenhelfer schwere Kratz- und Bisswunden zufügt. Die Situation scheint außer Kontrolle zu geraten. Doch schließlich wird die Bestie überwältigt, ein Schuss aus dem Betäubungsgewehr und sie gerät ins Wanken, fällt langsam vornüber und wird im Netz verpackt auf die Ladefläche des Daktari-Kleinlasters gehoben.
Der tiefe Ernst, mit dem die Beteiligten diese Übung ausführen, kann den Verdacht nicht ganz ausräumen, dass sie allen einen Mordsspaß bereitet.

nahme an den Übungen drücken. Sie können nachts ruhig schlafen, weil Herr Ishiyama in seinen Kleidern schläft und auf sie aufpasst.

1 Schulkinder bei einer ihrer regelmäßigen Evakuierungsübungen.
2 Das selbst geknüpfte Sprungnetz wird mit einem Sandsack getestet.
3 Die Hausfrauen kümmern sich um die Notversorgung. 4 Herr Ishiyama ist der Erdbebenbeauftragte und -älteste seines Distrikts.

Land der Wunder, Land des Wunderns

Japaner werden uns wahrscheinlich immer verblüffen, überraschen und befremden. Meistens wundern wir uns, weil wir nicht viel von ihren Gewohnheiten, ihrer Gesellschaft und ihrem Humor verstehen.

Zwischen Tatami und Riesenspinnen
Wohnen in Japan

Fangen wir doch gleich damit an, uns ein wenig darüber zu wundern, wie die Japaner heute so wohnen.

Es gibt wohl kaum eine Struktur, die der erdrückenden Hitze des japanischen Sommers besser gewachsen wäre als das traditionelle japanische Haus. Aus Holz errichtet, mit Schiebetüren, die man entfernen kann, um eine erlösende Brise hereinzulassen. Die Veranda geht nahtlos in den Garten über, denn Haus und Garten sind im japanischen Denken eine Einheit. Das ist das Ideal und manchmal findet man tatsächlich noch solche Häuser – die meisten allerdings in Freilichtmuseen. Durch die Erfindung der Klimaanlage, die inzwischen zur Grundausstattung jeder Wohnung gehört, wurde die althergebrachte Bauweise hinfällig. Zudem ist ja nicht das ganze Jahr über Sommer und so angenehm die Luftigkeit der alten Häuser zwischen Mai und September gewesen sein mochte, so sehr verfluchte man sie von Oktober bis April.

Dem Winter trotzten viel besser die dick mit Reet gedeckten japanischen Bauernhäuser, die man jenseits der Berge im Westen, am Japanmeer und im Einzugsbereich der sibirischen Kälte findet. Wer darin wohnte, hatte es auch bei Minusgraden kuschelig warm, allerdings auch bedrückend dunkel. Und es fällt schwer, sich vorzustellen, wie die Bewohner sich darin überhaupt aufhalten konnten, ohne alle paar Minuten hustend ins Freie zu rennen, um dem erstickenden Rauch ihrer offenen Feuerstellen zu entrinnen. Auch diese Häuser sind heutzutage fast nur noch in ausgewiesenen Reservaten zu bewundern, während die ländliche Bevölkerung vorwiegend unter blauen Blechdächern in oft sehr schmucklosen modernen Häusern lebt. Man muss tatsächlich lange und intensiv die völlig zersiedelten Ebenen und einbetonierten Küsten absuchen, bis man ein noch intaktes und für unser Empfinden »schönes« Dorf findet.

Und auch die Städte haben nur wenige optische Höhepunkte zu bieten. Selbst die alte Kaiserstadt Kyoto, deren historischer Kern in den sechziger Jahren des 20. Jahrhunderts in geradezu verbrecherischer Weise geschleift wurde, weist heute nur noch ein paar wenige, originalgetreue Straßenzüge auf (namentlich im »Geisha-Viertel« Gion), in denen traditionelle Holzfassaden einen Hauch von wohliger Atmosphäre entstehen lassen. Überhaupt haben

1 Das ideale japanische Haus – leider viel zu selten zu finden. **2** Reetgedeckte Dächer waren in alter Zeit und auf dem Land weit verbreitet. **3** Die berüchtigte »Goldene Flamme« auf dem Dach einer Brauerei. **4** Roppongi Hills, Tokyos neueste architektonische Visitenkarte.

Experimente

Das weitgehende Fehlen von strengen städtebaulichen Vorschriften und Konzepten gibt Bauherren und Architekten nahezu unbegrenzten Freiraum zur dekorativen und künstlerischen Entfaltung. Nur drei Beispiele der verspielten Lust am Monströsen: die »Goldene Flamme« am Firmensitz der Asahi-Brauerei, die von Scherzbolden gerne auch als die »Goldene

Erdnuss« bezeichnet wird; Scherzbolde mit einem Sinn fürs Drastische sehen darin, na ja ... Nur ein paar Straßen weiter präsidiert der gigantische, gallisch wirkende Küchenchef über Kappabashi, dem Fachviertel für Restaurant- und Großküchenbedarf. Bemerkenswert ist schließlich die große Spinne am Eingang des neuen Mori-Buildings in Roppongi. Mit der Kunst am Bau will der Immobilien-Magnat Mori Minoru das Verständnis der Bevölkerung für Avantgarde wecken und um Unterstützung für sein Projekt werben, ganz Tokyo abzureißen und neu aufzubauen – am liebsten alles unter einem Dach.

Japaner ein ganz anderes Gespür für Atmosphäre als wir. Anders ist die grauenvolle Beleuchtung ihrer Büros, aber auch vieler Wohnungen und sogar einiger hochklassiger *ryokan* (traditioneller Herbergen) nicht zu erklären: unbarmherziges Neonlicht ohne auch nur eine Spur von Wärme.

1 Die Burg von Kumamoto mit ihren riesigen Festungswällen. 2 Das ideale japanische Dorf von Feldern und Hügeln idyllisch eingerahmt – auch davon gibt es nicht mehr viele. 3 Drangvolle Enge – eine Siedlung an der Pazifikküste im nördlichen Honshu. 4 Dicht an dicht stehen die Häuser auch im Tokyoter Bezirk Yanaka. 5 Wenig ist geblieben vom alten Kyoto – wie etwa das »Geishaviertel« Gion. 6 Altes Landherrenhaus der berühmten »Heike«-Familie in Shikoku.

In den Städten waren von jeher die Reihenhäuser das bevorzugte Wohnmodell, entlang der Geschäftsstraßen mit offenen Verkaufsräumen. Und auch hier war Holz das favorisierte Baumaterial, was einerseits einen gewissen Schutz bei Erdbeben gewährleistete, andererseits aber dazu führte, dass mit schöner Regelmäßigkeit ganze Stadtteile abbrannten. Aus Steinen wurden früher nur die Speicher gebaut. Und die Sockel, auf denen die Militärführer ihre Burgen errichteten, und die riesigen Festungsmauern, mit denen sie ihre Residenzen umgaben. Die Burgen selbst waren freilich ebenfalls aus Holz, weshalb auch sie irgendwann der Feuersbrunst anheim fielen. Die meisten Burgen, die heute zu besichtigen sind, wurden nach dem Zweiten Weltkrieg wieder aufgebaut.

Japanische Städte ähneln einander auf unheimliche Weise und sehen oft so aus, als seien sie aus hunderten verschiedenen Baukästen willkürlich zusammengesetzt worden. Ineinander verschachtelt, ohne erkennbares Gesamtkonzept, eher gewuchert denn gewachsen. Und der altstadt- und fußgängerzonenverwöhnte Europäer wird vermutlich zuerst die totale Abwesenheit von Gemütlichkeit und Atmosphäre bemerken, wie sie nur alte Häuser herstellen können. Jedoch sind alte Häuser vielleicht schön anzusehen, aber sie sind auch unpraktisch und oft morsch. Es zieht darin, aber das

Fassaden – zwischen Tradition und Hypermoderne: **1** Bastvorhänge, Grüngürtel und Vordächer... **2** ...Holzfassaden... **3** ...und mit Papier verkleidete Schiebetüren schaffen eine einzigartige Atmosphäre. **4** Transparenter Designerluxus – der Prestigebau von »Prada« im Tokyoter Bezirk Aoyama. **5** Wohneinheiten mit Blick auf die Stadtauto-bahn. **6** Ein Speicher in Otaru, Hokkaido. **7** Nudeltheke in Kyoto.

Isolieren und Renovieren würde ein Vermögen verschlingen. Renovierung ist kein Konzept in diesem Land der Feuersbrünste, Erdrutsche, Erdbeben und anderer Naturkatastrophen. Was alt ist, kann normalerweise mit Zustimmung der Allgemeinheit abgerissen und ersetzt werden. Zudem ist die Erbschaftssteuer enorm hoch und wird bei Antritt des Erbes fällig. Das überzeugt auch den bravsten Erben, sein Elternhaus flugs an einen Grundstücksspekulanten zu verkaufen, der es umgehend dem Erdboden gleichmacht und das Grundstück parzelliert, um fünf neue Häuser oder ein adrett verklinkertes Apartmenthaus für 15 Parteien zu errichten.

Bauvorschriften gibt es kaum, eine der wenigen lautet, dass ein neues Haus an einer Hauptstraße, wo bereits ähnliche Gebäude stehen, diese nur um eine gewisse Höhe übertrumpfen darf und dass der Neubau den Nachbarn das Sonnenlicht nicht streitig machen darf, was die häufig vorkommenden pyramidenartig aufsteigenden Silhouetten erklärt. Ansonsten akzeptieren die modernen japanischen Architekten keine Tabus und schrecken auch nicht davor zurück mit allerlei exotischem Zubehör zu experimentieren.

Das Dorf Shirakawago: **1** Großzügig gebaut und dick bedeckt gegen den Schnee sind die traditionellen Häuser (siehe S. 186). **2** In der Mitte der ländlichen Wohnstube brennt das Feuer. **3** Enge Straßen, wenig Platz – im bergigen Japan mussten die Menschen immer schon zusammenrücken.

Das Grundmaß des Wohnens

Die *tatami*, der Fußbodenbelag des traditionellen Hauses seit dem 9. Jahrhundert, ist ein mit Reisstroh gefüllter, mit Binsen verkleideter und von einer festen Borte umspannter Rahmen und bis heute das Grundmaß jeder japanischen Wohnung.

Auch dann, wenn sie mit Teppich oder Laminat ausgelegt ist. Und obwohl dies bei den meisten Neubauten der Fall ist, haben auch die mindestens einen *Tatami*-Raum für besondere Anlässe. In Tokyo misst die Standard-*Tatami* 176 x 88 Zentimeter, in Kyoto und Nagoya ist sie etwas größer. Die guten und richtigen *tatami* werden in Handarbeit vom Fachmann hergestellt und vernäht, sodann in den Raum eingepasst und können, wenn das Sonnenlicht nach ein paar Jahren die Oberfläche ausgebleicht hat, umgedreht werden. Sind beide Seiten abgenutzt, bezieht man sie einfach neu. Auch Tempel, Schreine und Gebetshallen, viele Restaurants und Versammlungsräume sind mit den Reisstrohmatten ausgelegt und es versteht sich von selbst, dass man sie ruiniert, wenn man sie mit Schuhen betritt oder schwere Möbel darauf stellt.

Natur in der Zwangsjacke
Helden und Rebellen der Gartenkunst

Gärten waren in Japan stets das Privileg der Noblen, namentlich der Kriegerklasse – strenger Leute also, denen schon von Berufs wegen nicht in den Sinn kommen konnte, die Natur auch nur dem geringsten Zufall zu überlassen oder ihr die kleinste Abweichung von dem zu gestatten, was sie gerne in ihr gesehen hätten. Hierarchiebewusst waren sie, formversessen und ganz und gar nicht zu Experimenten aufgelegt. Nicht zuletzt deswegen symbolisieren die streng strukturierten japanischen Gärten, ihre kleinen Landschaften zuzüglich ihrer stilisierten Brücken, Pagoden und Laternen, ihre Gebirge und Küsten nichts anderes als die ins Gärtnerische übersetzte Grundeinstellung von Disziplin, Ordnung und Unterordnung.

Was in japanischen Gärten steht und wächst, tut das nach festen, von alten Meistern festgesetzten Regeln. Ausnahmen und individuelle Sonderwünsche sind nicht gestattet. Was übrigens auch für Japans hortikulturelle Ikonen Bonsai und Ikebana gilt, die bei näherem Hinsehen nichts anderes sind als die streng nach bestimmten Formalien ablaufende Unterwerfung der Natur unter den menschlichen Willen und das menschliche Ideal. Viele Japaner können nach meinen Beobachtungen trotz ihrer immer wieder gepriesenen Verehrung für die Natur mit natürlicher Wildnis nicht wirklich etwas anfangen. Die Ordnungslosigkeit und Willkür der unkontrollierten Natur erschreckt und verunsichert sie. Das ist vielleicht auch ein Grund dafür, dass sie besonders in der Neuzeit mit der Natur ihrer herrlichen Inseln nicht eben pfleglich umgegangen sind. Nichts ficht den japanischen Gärtner mehr an als abgefallenes Laub und willkürlich abstehende Äste.

Andererseits, muss man fairerweise dazusagen, erlebt man immer wieder die abenteuerlustigsten Ausflügler, die mit großer Lust durch das wildeste Hochgebirge wandern und auch die steilsten Pfade durch finstersten Forst nicht scheuen, selbst wenn das Schild am Eingang des Waldes vor bösen Bären warnt. Ein Paradox? – Nein. Wenn wir Japan paradox finden, hat das normalerweise mit uns und unseren Klischees zu tun. Es sind nun mal nicht alle Japaner gleich!

Jedenfalls: Es gibt wohl aufs Ganze gesehen sehr wenig, das den Namen »Garten« führen darf und so wenig mit Natur zu tun hat

1 Wir bepflanzen unsere Balkons – die Japaner ihre Hauseingänge.
2 Steingarten am Silbernen Pavillon in Kyoto. **3** Wahre Helden der Gartenkunst beschlagnahmen kurzerhand den Bürgersteig. **4** Der Zen-Garten im Ryoanji-Tempel will jeden Morgen geharkt werden.

wie ein traditioneller japanischer Garten. Andererseits gibt es wiederum auch sehr wenige Gärten, die den Betrachter so einnehmen, wenn er bereit ist sich darauf einzulassen.

Japaner sind folglich, anders als wir, die wir nach ein paar Minuten eher unruhig werden (oder vielleicht gilt das auch nur für mich), in

der Lage, stundenlang und in einem Zustand der Entrückung in die gepflegte Landschaft eines von fachmännischer Hand angelegten Gartens zu schauen und dazu grünen Tee zu trinken. Der Genuss von Garten und Tee gehört unbedingt zusammen, bedingt und ergänzt einander. Ein Teehaus ist also ein Muss in jedem größeren Garten und in jedem guten Garten muss ein Teehaus stehen.

Als die »goldenen Jahre« der großen japanischen Gartenkunst gilt die so genannte Muromachi-Zeit (1333–1568) – eine Periode, die zwar von enormen Unruhen geprägt war, in der aber immerhin künstlerisch eine Menge erreicht wurde. Damals zogen professionelle Gartenbauer durch das Land und verfolgten das Ideal, auf

1 Herbststimmung am Jingo-Ji-Tempel in einem Außenbezirk Kyotos.
2 Der Garten wird eins mit der Landschaft. 3 Garten und Teegenuss gehören zusammen – das Teehaus im Suizen-ji-Park in Kumamoto.
4 Teepause mit Blick auf den Garten im Sanzen-in-Tempel, Kyoto.

kleinem Raum das Universum zu erschaffen und sei es auch nur symbolisch. Sie versuchten, tatsächlich existierende, berühmte Landschaften oder historisch bedeutsame Schauplätze in Miniaturform nachzubilden, indem sie Steine oder Sand wie Felsen und Ozeane arrangierten, und vergaßen dabei nie, dass auch die umlie-

gende Landschaft ein Teil des Gartenblicks ist und die Form des Gartens sich idealerweise im Großen und Ganzen der Berghänge und Meeresküsten fortsetzen sollte.

Das bekannteste Beispiel ist der Suizenji-Park in Kumamoto, in welchem der Künstler 53 Stationen der Tokaido-Straße, die seinerzeit von Kyoto nach Edo (dem damaligen Tokyo) führte, nachbildete – einschließlich eines fünf Meter hohen Fuji-san.

Parallel zur Gartenkunst der Krieger, die am besten in der kleinen Stadt Chiran im Süden Kyushus studiert werden kann, wo eine ganze Straße herrlicher Samurai-Gärten erhalten ist, entwickelte sich eine großartige buddhistisch inspirierte Gartenszene. Die beiden Stile entwickelten sich dann von einem bestimmten Zeitpunkt

an gemeinsam, denn die Samurai waren Anhänger des Zen-Bud-dhismus, der im 12. Jahrhundert nach Japan kam. Die rigiden diszi-plinarischen Regeln des Zen und seine meditative Suche nach Wahrheit und Wahrhaftigkeit kamen der Philosophie der Krieger sehr entgegen und viele Samurai, die im 15. und 16. Jahrhundert wegen der ständigen Unruhen alle Hände voll zu tun hatten, schöpften Kraft und Ruhe in Kalligraphie, Malerei und Gartenbau-kunst. Schönheitsideal des Zen waren die chinesischen Land-schaftsmalereien, und so erschufen die Zen-Meister in ihren Gär-ten zerklüftete Felsformationen, trockene Wasserfälle und Flussläufe, moosbewachsene Küsten an kleinen Ozeanen aus säu-berlich gerechten Kieselsteinen.

Wie so oft in diesem Land klaffen Anspruch und Wirklichkeit, Theorie und Praxis weit auseinander. Nur die wenigsten Japaner sind in der Lage, sich auf ihrem eigenen Grundstück am inspirieren-den Anblick eines schönen Gartens zu erfreuen. Selbst für Minia-turgärten sind die durchschnittlichen Wohnparzellen viel zu klein und wer die Wahl hat zwischen einem Landschaftsgarten und einem PKW-Stellplatz, der wird nicht lange zögern und sich für Letzteres entscheiden (allein schon, weil er ohne Nachweis dessel-ben gar kein Auto zugelassen bekommt). Für die meisten Bewoh-ner Tokyos bleiben zum Auftanken nur die öffentlichen Parks, zum

Beispiel der riesige und wunderbar angelegte Shinjuku Gyoen. Der ist auf dem Grundstück eines Feudalherren (was eine Menge über Feudalherren des alten Japan und die von ihnen beanspruchten Immobilien erzählt) entstanden und war zunächst nur dem Kaiser vorbehalten, der hier nicht nur die japanische, sondern auch Bei-spiele der englischen und der französischen Gartenkultur bestau-nen und genießen konnte. Erst nach dem Zweiten Weltkrieg muss-te der Tenno neben seiner Göttlichkeit und einigen anderen Vorzügen auch die Exklusivrechte an diesem wunderschönen Park aufgeben und der Shinjuku Gyoen wurde der Allgemeinheit zugänglich gemacht.

Aber für entschlossene Menschen, die Blumen lieben und um sich haben wollen, gibt es noch andere Wege, den Platz- und Garten-mangel zu umgehen und sich bei aller Enge in Japans Städten ihre eigene, kleine, grüne und blühende Oase zu schaffen. Vor vielen Hauseingängen, besonders vor jenen der alten und vom Zahn der Zeit schon angenagten Häusern, haben Blumenfreunde den Bür-gersteig und teilweise die halbe Gasse vor ihrem Eingang schlicht beschlagnahmt und die Türen manchmal mannshoch eingerahmt

1 Der Tempelgarten des Sanzen-in. **2** Kleinod tief in der Provinz – einer der Samurai-Gärten von Chiran, Kyushu. **3** Hauptattraktion in Kyoto, zur Herbstzeit völlig überlaufen, der Goldene Pavillon.

Universum im Kleinen: der Garten von Ryoanji

Jeden Morgen um fünf Uhr wird der Tempelgarten im Ryoanji in Kyoto von jungen Mönchen von herabgefallenen Blättern und Ästen gereinigt und geharkt. Die Landschaft – etwa von der Größe eines längs halbierten Tennisplatzes – geht auf einen Gartenarchitekten namens Soami (1455–1525) zurück. Es ist Japans bekanntestes und am häufigsten besuchtes Beispiel des *karesansui* – der trockenen Landschaft. Sie ist tatsächlich ein kleines Universum, ein perfektes Bild der Ruhe und Einkehr, ein Spielfeld für den Geist, der sich darin sehr schnell verlaufen kann.

Während der Besuchsstunden will dazu allerdings kaum Muße aufkommen. Von den hölzernen Stufen der Tempelhalle, wo er sich zur mutmaßlichen Einkehr niederlässt, blickt der Tourist auf ein perfekt geharktes, graues Kieselmeer, aus dem einige grün bemooste Felseninseln ragen. Die rötliche Mauer, mit der der Garten eingefasst ist, sieht für den ahnungslosen Betrachter – und wer wäre das nicht? – aus, als könnte sie einen Anstrich vertragen. Aber genau das ist ihr Geheimnis – diese Mauer ist gewachsen und entstanden und ihr verwitterter Putz zeugt ganz besonders von ihrer Erhabenheit. Üblicherweise verharren die vielen Besucher (Ausländer ebenso wie die meisten Japaner, denen diese Übung auch nicht ganz geheuer ist) hier in der Hoffnung eines irgendwie erleuchtenden Erlebnisses durchschnittlich fünf Minuten, um dann enttäuscht festzustellen, dass sie auch fünf Stunden oder fünf Tage hier sitzen könnten, ohne im Leben auch nur einen Schritt weitergekommen zu sein. Was, streng genommen, eine wichtige Erfahrung des Zen ist.

mit wuchernden, herrlich chaotischen Vorgärten aus Topfpflanzen. Ihnen geht es nicht um stilechte, kleine Kunstwerke, sondern sie haben einfach Freude am Grün, auch wenn es im Weg steht, und gelegentlich hält man inne, steht sprachlos davor und erkennt wieder einmal, wie wenig man doch braucht, um Erstaunliches zu erschaffen. In Deutschland wären schon bei geringeren Verstößen längst die Polizei und das Ordnungsamt eingeschaltet worden. Aber hier lässt man die Menschen gewähren, weil alle etwas davon haben. Diese Leute, die kleinen Blumenfreunde der Großstadt, sind die eigentlichen Helden der japanischen Gartenkunst.

Eintauchen und Wohlfühlen
Die Kultur des Badens – Japans größte Leidenschaft

Mit gut 27 000 verbürgten heißen Quellen auf diesen Inseln der Vulkane und unterirdischen Feuerströme ist Japan schon von alters her *das* Badeparadies schlechthin. Wobei die japanische Badekultur mit der unseren, in der das wöchentliche Bad bis weit ins 20. Jahrhundert hinein als Gipfel der Reinlichkeit galt, ganz und gar nicht zu vergleichen ist.

Schon Basil Hall Chamberlain, der Veteran der Japan-Forschung, bemerkte 1904: »Sauberkeit ist eines der wenigen wirklich einheimischen Phänomene der japanischen Zivilisation. Viele andere japanische Institutionen kommen ursprünglich aus China, nicht so die Badewannen. Auch die Körper der Menschen aus den unteren Gesellschaftsschichten werden ständig gewaschen und geschrubbt – eine japanische Menschenmenge riecht so gut wie sonst keine in der Welt.«

Aber es sind nicht nur olfaktorische und hygienische Gründe, die die Japaner ins heiße Wasser treiben. Das tägliche Bad dient auch ihrer seelischen und körperlichen Ausgeglichenheit, der allfälligen Harmonie.

»Die europäische Badekultur ist eine des Abwaschens«, erklärt Bade-Professor Matsuda Tadanori von der Internationalen Universität in Sapporo. »Die japanische jedoch ist eine des Eintauchens, des Einweichens sogar. Wir versenken buchstäblich unsere Körper bis zum Hals im heißen Wasser und damit reinigen wir unser Herz von Sorgen und unsere Glieder von Anspannung. Im Bad erneuern wir unsere Kräfte.«

Schon Japans Göttersagen sind reich an rituellen Badeszenen und bis heute hört man Japaner, die sich ins heiße Wasser gleiten lassen, seufzen: »*Ahhh, gokuraku* – das (buddhistische) Paradies.« Das mutmaßlich älteste Badehaus des Landes, das Dogo-Onsen in Matsuyama auf Shikoku soll schon antiken Kaisern zur Erquickung und therapeutischen Heilung gedient haben.

Dem reisenden Ausländer wird auffallen, dass selbst in den wenig charmanten, aber preisgünstigen Business-Hotels die Badezimmer wasserdichte (und oft bedenklich schwankende) Nasszellen aus cremefarbenem Kunststoff sind und die Badewannen eher kurze, aber tiefe Gefäße. Die Annahme der Konstrukteure ist ganz einfach die, dass sich der Gast, der japanischen Badeetikette folgend, vor

1 Die ersten Wellness-Zentren der Welt – Japans öffentliche Badehäuser. 2 Energiesparendes Eierkochen in den »Höllen« von Beppu.
3 Nicht ganz so heiß ist das Erholungsbad mit idealerweise 42 Grad Celsius. 4 Japaner lieben überall das Bad und auch den Wasserfall.

1 Im gut geführten *onsen* wird das Becken täglich von Sedimenten befreit. 2 Wenn keine Zeit ist – wenigstens mal die Füße ins heiße Wasser stecken. 3 Das ideale *ofuro* – Naturfels und Blick auf die Landschaft. 4 Badenixen sind Dauerbrenner im japanischen Fernsehen.

dem Bad ordentlich duschen und abseifen wird und dann zur Erholung (!) und nicht etwa zur Säuberung (!) ins heiße Wasser steigt.

Aber heißes Wasser ist auch in Japan nicht gleich heißes Wasser. Eine Wanne daheim in Tokyo oder Osaka mit heißem Wasser aus dem Durchlauferhitzer bietet längst nicht denselben Genuss wie eine heiße Wanne in Beppu oder Kusatsu oder Kinosaki – um nur mal ein paar bekannte Badeorte zu nennen – oder *onsen*, wie sie heißen. *Onsen* ist ein magisches Wort für die Japaner. Vor ihrem geistigen Auge materialisieren sich, wenn sie dieses Wort nur hören, warme, wabernde Dämpfe und beschlagene Spiegel, im Idealfall der Ausblick auf ein verschneites Tal, dicht bewaldete Berge, einen Flusslauf oder eine felsige Küstenlandschaft und anschließend ein köstliches Essen.

Onsen heißt »heiße Naturquelle« und laut Onsen-Gesetz aus dem Jahr 1948 darf nur die Quelle sich onsen nennen, die mit mindestens 25 Grad Celsius aus dem Fels sprudelt und dazu noch eine genau bestimmte Menge an Mineralien aufweist. Der Begriff onsen ist ähnlich, aber eben nur ähnlich, dem deutschen Namenszusatz »Bad« wie beispielsweise in Bad Wildungen oder Bad Wörishofen, mit dem wir freilich das Image von gebückt gehenden Blasen-, Nieren- und Arthritispatienten verbinden und die Erinnerung an eine Zeit, als die Krankenkassen noch Geschenke zu verteilen hatten. Ein gut gehendes japanisches onsen hingegen ist kein Ort von Traurigkeit, sondern im besten Fall – oder im schlimmsten, je nach Standpunkt – eine Mischung aus Las Vegas, Robinson-Club und einer Flughafenboutique. Onsen sind die größten und beliebtesten touristischen Zentren dieses Landes und sind – mit Ausnahme vielleicht des lieblichen Yufuin in Kyushu – mit Hotelburgen gnadenlos zubetoniert, in denen man zu den Hauptreisezeiten oder auch nur am Wochenende kein Zimmer mehr findet. Durch das onsen klappern Badegäste auf getas, den hölzernen Hochsandalen, und in

ihren *yukata*, den leichten Roben – Handtuch unter dem Arm, Haare noch etwas feucht, Gesichter gerötet –, entweder auf dem Weg zurück ins Hotel oder auf dem Weg ins nächste heiße Bad. Selbst wenn man nur eine Übernachtung in einem *onsen* gebucht hat, gilt es in Japan nicht als ungewöhnlich, bis zu achtmal in einem heißen Becken zu versinken.

Im *onsen* verbringen die Badetouristen, die meist mit Bussen anreisen, ihre Wochenenden. Sie nächtigen in den *ryokan*, den traditionellen Herbergen mit erlesenen Essen. *Onsen* sehen sie täglich mehrmals im Fernsehen, dessen beliebte Reisesendungen zu einem erstaunlich großen Teil aus Bildern von jungen Frauen bestehen, die sich mit dem Entzückensruf »*Kimochi iii* – was für ein schönes Gefühl!!!« ins heiße Wasser versenken, freilich nicht nackt, sondern züchtig mit Handtüchern verhüllt. Entgegen einer im Westen weit verbreiteten, exotisch fehlgeleiteten Phantasie hat das japanische Bad nichts, aber auch gar nichts mit Sexualität zu tun. Das japani-

1 Das älteste Badehaus des Landes – das Dogo-*onsen* in Matsuyama, Shikoku. 2 Moderne Badeburg am Toya-See in Hokkaido. 3 Besucher im Yukata auf Badetour in Kinosaki-*onsen*. 4 »Yu« verheißt das Schriftzeichen auf dem Vorhang: heißes Wasser. 5 Beppu in Kyushu besitzt die meisten heißen Quellen im Land. 6 In der Nähe – das idyllische Yufuin.

sche Bad ist so sexfrei wie der Flur eines deutschen Finanzamtes. Wenn Japaner überhaupt Sex und heißes Wasser in Verbindung bringen, dann nennen sie es – Opfer ihrer eigenen exotisch fehlgeleiteten Phantasie – »Türkisches Bad«. Nacktheit im Bad ist nichts, worüber Japaner auch nur nachdenken. Und schon der alte Chamberlain wusste zu berichten: »Sie sehen es – aber sie nehmen es nicht wahr.« Und das schon zu einer Zeit, als das gemischte Bad vor allem auf dem Land noch weit verbreitet war und erst westliche Moralvorstellungen und die Sorge japanischer Politiker um die allgemeine Gesittung das getrennte Bad vorschrieben.

Idealerweise ist das *ofuro*, das japanische Bad wie man es in den guten Hotels und *ryokan* findet, unterteilt in einen Innenbereich, in dem möglichst ein Holzzuber aus mehrhundertjähriger Zeder steht, und ein Außenbad, *roten,* das idealerweise von Naturfelsen eingefasst ist und einen Blick auf eine herrliche Landschaft bietet. Wiederum im Idealfall werden sie täglich gesäubert und geschrubbt, weil sich durch die Mineralien sehr schnell ein glitschiger Schmierfilm bildet.

Aber nicht immer sind die Bäder klein. Besonders die beliebten Vergnügungszentren bieten in turnhallengroßen Anlagen für hunderte Badegäste dutzendweise Becken und Pools verschiedener Größe, verschiedener Temperaturen (obwohl generell eine Badetemperatur von 42 Grad Celsius gilt) und unterschiedlichen Stils an und sind dabei auch durchaus zu geschmacklichen Fehlgriffen in der Lage. Immer gleich indes sind die Reihen der Hockduschen, unter denen sich das Badevolk vor dem Eintauchen gründlich säubert, auf niedrigen Schemeln, eingeseift und sich immer wieder mit heißem Wasser aus Holzzubern übergießend. Sich während dieser

Prozedur zur erheben, wie es die an Stehwäsche gewöhnten Ausländer gelegentlich tun, gilt als schlechter Stil. Wie denn überhaupt ausländische Erscheinungen auch heute noch Verwunderung und manchmal sogar – buchstäblich – nackte Panik auslösen. So weit, dass sie bereitwillig ihr Badewasser mit uns teilen, trauen viele Japaner uns dann doch nicht. Was im Hafenstädtchen Otaru in Hokkaido zu allerlei hässlichen Zwischenfällen und als rassistisch empfundenen »Japanese only!«-Schildern an einigen Badehäusern geführt hat. Denn die in dieser Gegend zahlreich vertretenen russischen Seeleute waren berüchtigt dafür, dass sie sich grob über die japanische Badeetikette hinwegsetzten. Aber auch der wohlerzogene und *onsen*-erprobte ausländische Gast wird gelegentlich mit

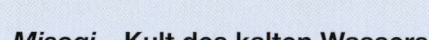

Misogi – Kult des kalten Wassers

Der Glaube an die reinigende Kraft des Wassers – und zwar nicht nur körperlich reinigend, sondern auch seelisch – ist eine japanische Grundüberzeugung. Vor jedem Shinto-Schrein sprudelt eine Quelle, an welcher der Besucher Hände waschen und Mund ausspülen soll, um sich seiner irdischen Unreinheiten zu entledigen. Die Reinigungsprozedur, das so genannte *misogi,* ist schon in der ältesten japanischen Aufzeichnung, dem Kojiki aus dem Jahr 712, erwähnt und geht demnach auf die Gottheiten Izanagi und Izanami zurück, die der Legende nach Japan erschufen. Die asketische Variante besteht darin, dass der Reinheitssuchende sich unter einen eiskalten Wasserfall begibt.

Die Herren auf der Abbildung links sind Teilnehmer eines von der japanischen Industrie- und Handelskammer organisierten *Misogi*-Rituals in Ise, am höchsten Schrein der Shinto-Religion. Durch das winterliche Bad im vier Grad Celsius kalten Fluss, dem Höhepunkt eines Seminarwochenendes, sollen sie ein Gespür für die Bedürfnisse und Wünsche ihrer Mitarbeiter entwickeln und sich ganz ihrer selbst, ihrer Stärken und Schwächen, bewusst werden.

verstohlenen, skeptischen Blicken bedacht und hat sich daran zu gewöhnen, dass die benachbarten Hockduschen meist frei bleiben und sein Eintauchen in die Gemeinschaftswanne manchmal zur überstürzten Wannenflucht seiner Badegenossen führt.

Während meiner ersten Japan-Zeit 1986 fand sich jedenfalls kaum ein Mutiger, der sich im *sento* an einen Platz gesetzt hätte, der zumindest theoretisch durch von meinem Platz abfließendes Wasser hätte benetzt werden können. Das *sento* – zu Deutsch etwa

»Pfennigbad« – ist das traditionelle öffentliche Badehaus, idealerweise steht eines in jeder Nachbarschaft, erkennbar an seinem hohen Schornstein. Das *sento* war bis weit ins 20. Jahrhundert hinein der Mittelpunkt jeder japanischen Gemeinde. Hier traf sich die Nachbarschaft zum Schwätzchen, zum fröhlichen Schrubben und Schamponieren.

Das *sento* war ein Ort der Erholung und Erbauung und nicht zu unterschätzen als Schule des Lebens für die Kinder. Aber das Vorrücken erschwinglicher Badezimmertechnik für jedermann und der Siegeszug der Dusche haben zum langsamen Aussterben dieser Badehäuser geführt. Während man 1965 noch 2641 *sento* in Tokyo zählte, gibt es heute nur noch 1160 Badehäuser.

1 Selbstüberwindung auf der Suche nach spiritueller Reinheit – das eiskalte Bad. **2** Bis auf wenige Ausnahmen baden Männer und Frauen getrennt. **3** Das heiße Sandbad in Ibusuki, Südkyushu, hilft gegen Rheuma und Stress.

Grundkurs in japanischer Gastlichkeit
Zu Besuch im Ryokan

Wer den weiten Weg nach Japan auf sich nimmt und die Neugierde auf ein unbekanntes Land mitbringt, der hat sich etwas Besonderes verdient. Etwas anderes als die immer gleichen Luxushotels oder die oft etwas muffigen hiesigen Oberklassehotels und ganz gewiss etwas Besseres als die bedrückenden Business-Hotels mit ihren Minizimmern und schwankenden Nasszellen oder gar die berüchtigten Kapselhotels. Eine Nacht in einer traditionellen japanischen Herberge, dem *ryokan*, erschüttert zwar das Reisebudget wie ein mittelschweres Erdbeben, bietet aber eine Erfahrung, die Sie nie vergessen werden. Nehmen wir beispielsweise, weil es als das beste im Lande gilt, das »Tawaraya« in Kyoto und stellen uns vor, der Preis bis zu 600 Euro pro Nacht und Person lasse uns nicht gleich in Ohnmacht fallen. Viele illustre Gäste wie Karl Gustav und Sylvia von Schweden, Marlon Brando, Barbra Streisand und Jean-Paul Sartre haben hier schon genächtigt.

Wir kommen an vor einer gepflegten, wenn auch nicht sehr luxuriös wirkenden Fassade in einer Kyotoer Seitenstraße und betreten durch das hölzerne Tor einen verschwiegenen, kleinen Innenhof, legen an der Schwelle artig unsere Schuhe ab. Da steht bereits ein zuvorkommender Schuhbeauftragter, der die Fußbekleidung unter Verbeugungen entgegennimmt und der sie uns wieder aufstellen wird, sobald wir uns von innen dem Ausgang nähern. Vor uns kniet eine junge Frau und verbeugt sich, bis ihre Stirn fast den Boden aus Reisstrohmatten berührt und heißt uns mit einem begeisterten *»Irasshaimasse!«* willkommen. Sie stürzt sich sodann auf unseren zwei Tonnen schweren Koffer und trägt ihn mühelos über Holzdielen in unser Zimmer. Wir gewahren geschickt platzierte Antiquitäten in den Ecken und mit viel Liebe arrangierte Blumengestecke – nichts Überwältigendes oder gar Protziges. Nichts, das ruft: Obacht, ich habe 30 000 Euro gekostet! Nichts, das unsere Aufmerksamkeit einfordert oder uns einschüchtert. Dem Kenner freilich wird sehr wohl auffallen, dass hier Stücke stehen und hängen, die sich auch gut in einem Museum machen würden. Aber wenn wir es nicht bemerken: gleichviel! Wir sollen uns hier wohl fühlen. Die Zimmerbeauftragte – so heißen die Zimmermädchen im »Tawaraya« – führt uns in eines der 18 Zimmer, das keine Nummer hat, sondern einen Namen. »Bambus« oder »Fuji« oder »Reichtum«. Sie bedeu-

1 Die Grenze zwischen Zimmer und Garten ist fließend. 2 Das Reisigbüschel ist das Wappen des »Tawaraya«. 3 Der Garten wird ein Teil der Wohneinheit. 4 Der Eingangsbereich in diesem Gasthaus ist eine Hommage an die Jahreszeit.

tet uns, an dem niedrigen Tisch Platz zu nehmen, und verschwindet wieder, um uns den rituellen Begrüßungstee zu servieren. Der Blickt geht hinaus in einen unglaublich perfekten Garten, eine Landschaft aus grünem Moos, Farnen und Steinlaternen, einem Wassertrog und niedrigen Bäumen. Spätestens hier vergessen wir, dass wir uns mitten in einer turbulenten Großstadt und im 21. Jahrhundert befinden. Es ist ein Zaubergarten, der für diese Nacht nur uns gehört, an dessen Anblick wir uns weiden und erquicken sollen.

Der Raum ist zweigeteilt – die eine Seite ist mit *tatami*, dem traditionellen Fußbodenbelag, ausgelegt, die andere mit Holzparkett. Das Ambiente bestimmen antike Möbel, kostbare Vasen und erlesene Wandbehängen. Jedes Stück in diese Zimmer hat einen eigenen Lebenslauf, trägt seine vielen Jahrhunderte mit Eleganz und Würde, atmet Geschichte und Erhabenheit. Ein kenntnisreicher

Gast wird feststellen, dass dies eine Kalligraphie eines verehrten Mönches aus dem 17. Jahrhundert ist und jenes eine unschätzbare Töpferarbeit aus den Werkstätten von Kiyomizu.

In die Wand eingelassen ist der *tokonoma,* der Schmuckwinkel jedes traditionellen japanischen Empfangszimmers. Sparsam dekoriert mit einer Schrift- oder Bildrolle und einer Vase – vermutlich aus dem 13. Jahrhundert – mit einem Ikebana-Gesteck. Der Platz vor dem *tokonoma* ist in Japan der Ehrenplatz und der in der Hierarchie am höchsten stehende Gast sitzt mit dem Rücken dazu – dann kann er das kleine Kunstwerk zwar nicht sehen, ist aber ein Teil davon.

1 Erlesene Antiquitäten und Kunstwerke platziert man ganz unaufdringlich in den Zimmerecken. **2** Der *tokonoma* – das Herz des japanischen Gästezimmers. **3** Unscheinbar und doch ehrwürdig – die Fassade des »Tawaraya«. **4** Alle Zimmer führen hinaus in den Garten.

Kyoto ist nicht wegen seiner heißen Quellen bekannt, also ist das »Tawaraya« kein *onsen-ryokan*. Aber das Baden wird auch hier zelebriert: Jedes Zimmer hat seine eigene, exklusive Wanne.

Die Zimmerbeauftragte kehrt inzwischen mit dem Tee zurück und verbeugt sich ein weiteres Mal sehr tief, sie stellt sich vor und heißt uns noch einmal willkommen und wird, während sie uns den grünen Tee und einen geschmacklich dazu passenden Happen serviert, ein wenig Konversation betreiben. Wir verstehen, sofern wir keine Japanologen sind, kein Wort. Was sie zum Kichern bringt und vielleicht spricht sie ein paar Worte Englisch. Wenn nicht, wird sie bei ihrem nächsten Auftritt ein Wörterbuch dabeihaben. Sie ist entschlossen, jedes Opfer zu bringen, denn sie ist für unser Wohlbefinden zuständig. In ihrer Verantwortung liegt es, dass wir einen angenehmen und erholsamen Aufenthalt haben. Der Abschluss dieser kurzen Begegnung besteht darin, dass sie fragt, um welche Uhrzeit wir geruhen wollen, unser Abendessen einzunehmen. Um halb acht. Das ist für *Ryokan*-Begriffe sehr spät. Japanische Gäste wollen

1 Nach dem Abendessen breitet das Zimmermädchen das Futon aus.
2 Die Anwesenheit anderer Gäste spürt man nicht. **3** Schlichte Eleganz, nobles Understatement – das Markenzeichen dieses *ryokan*.

oft schon um sechs Uhr speisen, damit sie entsprechend mehr Zeit im wohltuenden Bad verbringen können.

Der japanische *ryokan* ist zwar grundsätzlich nicht billig – aber zwei Mahlzeiten sind im Preis inbegriffen. Und das sind nicht irgendwelche Mahlzeiten, sondern das Beste, was Japans Küche zu bieten hat. Dann wird sich die Zimmerbeauftragte unsichtbar machen und kurz vor der vereinbarten Zeit wieder auftauchen und das Abendessen servieren. Schälchen für Schälchen, Gang für Gang bringt sie einzeln heran. Vielleicht 15-mal wird sie immer wieder von unserem Tisch in die Küche huschen und uns die Köstlichkeiten, die Bissen und Happen herbeibringen. Und dies in Schalen und auf Tellerchen, Töpfer- und Lackarbeiten, die wiederum nur der Fachmann als grandiose Arbeiten erkennen wird. Jedes Gericht, jeder Happen und jeder Gang hat sein eigenes Gefäß, mit eigenem

Design und eigener Geschichte. Vielfalt beherrscht Japans Küche und auch das Tischgeschirr. »Die Speisen und das Gedeck genießen« ist das japanische Konzept eines gelungenen Essens. Zuletzt kommt übrigens der Reis, der in Japan ähnlich wie in China nur den sättigen soll, der nach all den Leckerbissen tatsächlich noch Hunger verspürt. Wir haben zwar zu Beginn der Mahlzeit eine kalligraphisch kunstvolle Speisekarte überreicht bekommen, können sie aber nicht lesen. – Zu Ihrem Trost: Wir könnten sie vielleicht teilweise lesen, aber vieles auch dann nicht verstehen, wenn wir fünf Jahre unseres Lebens mit dem Studium der japanischen Sprache und Schrift zugebracht haben, weil deutsche Universitäten es noch immer versäumen, ihren Japanisch-Studenten wichtige Begriffe wie »leicht angeröstete Eierstöcke der Seegurke« beizubringen. – Die Zimmerbeauftragte wird also versuchen, uns zu erklären, mit welchen Köstlichkeiten uns der Koch heute verwöhnt, und sie wird uns, wo nötig, beim fachgerechten Verspeisen und Anwenden von Soßen und Tunken assistieren.

1 Hektik in der Küche – jede Spezialität wird auf's Zimmer gebracht.
2 Erst ungewohnt, dann unverzichtbar: das Frühstück mit Reis und Eingelegtem, Miso-Suppe, Tofu und gebratenem Fisch, hier im »Tawaraya«.

Nach dem Essen verlassen wir den Tisch und ziehen uns freundlicherweise in den Nebenraum zurück, unternehmen einen Spaziergang oder tauchen in das heiße Bad, machen uns irgendwie unsichtbar, damit die Zimmerbeauftragte in Ruhe unser Nachtlager, das Futon, richten kann, das tagsüber hinter den Schiebetüren in den tiefen Schränken verstaut ist. Dann wird sie mit schlurfenden Schritten hinausschweben, denn auch das ist ein Gebot der Höflichkeit – in den hellhörigen japanischen Häusern kündigt man durch das Schlurfen sein Kommen und Gehen an –, und zuvor noch fragen, um welche Zeit wir frühstücken möchten. Vielleicht um acht? *Ryokan*-Nächte sind nichts für Langschläfer, denn üblicherweise sollte man die Herberge zwischen zehn und elf Uhr verlassen haben.

Morgens wird die Zimmerbeauftragte wieder erscheinen, die Futons in die Schränke zurückräumen und uns sodann das unglaublichste Frühstück der Welt servieren: gebratenen Fisch mit Ingwerstäbchen, gedünsteten Tofu und *yuba,* Tofu-Schmand und Pilze, Reis mit getrocknetem Seetang und ein pochiertes Ei in Sojasoße. Dazu vielleicht winzige, getrocknete Fischchen, köstlich mit Sojasoße auf Reis, und eingelegte Gurken, Rüben und Spinatwickel, *miso* (Sojapasten)-Suppe und Tee. Und wenn wir den *ryokan* verlassen, dann werden die Zimmerbeauftragte und die Empfangsdame vor der Tür stehen und unserem Taxi nachblicken und nicht von der Stelle weichen, bis wir um die Ecke gebogen sind, was wegen der Ampel vor dem »Tawaraya« auch schon mal ein paar Minuten dauern kann, um sich dann noch einmal tief zu verbeugen.

Nicht jeder *ryokan* bietet die erlesenen Kunstschätze und den erlösenden Gartenblick, für die das »Tawaraya« berühmt ist. Und nicht

Der Gipfel der Gastlichkeit

Sollten Sie an einem Wochenende im »Tawaraya« wohnen, dann haben Sie vielleicht Gelegenheit, eine Teezeremonie zu erleben. Eines der größten Mysterien der japanischen Gastlichkeit und sicherlich das, welches unseren Beinen am wenigsten zusagt, denn wir sitzen die ganze Zeit auf ihnen. Im Land der stilisierten Regeln und Riten und der perfekt durchdachten Details ist die Teezeremonie eine kultische Übung in Feinheit, Demut und Höflichkeit und ich fürchte, dass nur

wenigen Ausländern jemals gelungen ist, sie richtig zu erfassen, sie wirklich zu genießen und sich dabei noch einigermaßen manierlich und sittenkonform zu betragen.

Nichts, was in dem winzigen Raum mit dem nur 90 Zentimeter hohen Eingang – der auch den stolzesten Gast zur Verbeugung zwingt – geschieht, nichts ist zufällig, nichts ist willkürlich. Nicht die ebenso sparsame wie erlesene Dekoration, die der feinfühlige Gastgeber nur für diesen Tag und die geladenen Gäste arrangiert hat, um die Unwiederbringlichkeit des Moments zu zelebrieren. Nicht die Auswahl des Zubehörs: des Behälters mit dem Wasser, des kleinen hölzernen Teelöffels, des Teeschäumers oder der Teeschale. Diese Utensilien sind teilweise Jahrhunderte alt und vom Gast wird erwartet, dass er ihnen Respekt und Bewunderung zollt. Nur am Rande: ein antiker Teeschäumer eines alten Teemeisters kann ohne weiteres 100 000 Euro kosten. Köstlich sind die Speisen und Süßigkeiten, die gereicht werden und die die Bitterkeit des starken, grellgrünen Tees auf magische Weise in einem erhebenden Geschmackserlebnis auflösen.

jeder *ryokan* verlangt diese Preise. Und nicht immer betritt man ein 150 Jahre altes Gebäude. Manche, besonders die *ryokan* in den beliebten Badeorten, sind nichts anderes als enorme Hotels und von außen nicht besonders ansprechend. Trotzdem wird vieles in jedem guten *ryokan* so ablaufen wie eine Nacht im »Tawaraya«: die Begrüßung, die Mahlzeiten auf dem Zimmer, die Futons zur Nacht. Das Schlurfen der Zimmermädchen. Und das Essen, diese raffinierten Kompositionen aus Bissen und Happen, vielleicht das beste Essen in Japan. Für mich das beste der Welt.

Jede Menge Fisch
Japans Leibspeise unter dem Hammer

Bevor wir uns den erstaunlichen und seelenvollen Kunstwerken der japanischen Hochküche noch einmal zuwenden, empfiehlt sich ein kleiner Ausflug dorthin, wo sie gekauft wurden – die Seegurkeneierstöcke und die Brassenschnittchen, die Tunfischbauchhappen und die Seetangstreifen. Nämlich auf den Markt, namentlich den Fischgroßmarkt von Tsukiji in Tokyo. Und – Vorsicht! Da wären wir beinahe von einem dieser Kamikaze-Piloten überrollt worden, die – lässig die Kippe im Mundwinkel – auf ihren wendigen Motorwagen in einem Affenzahn über diesen Markt fegen, als gehöre die Welt ihnen allein. Ein morgendlicher Ausflug nach Tsukiji ist jedenfalls nichts für schwache Nerven. Und ohnehin eignet sich wohl nicht vieles, das seinen Höhepunkt noch vor sechs Uhr in der Früh erreicht und mit großen Mengen toter Fische zu tun hat, auf den ersten Blick als Ziel für einen lehrreichen und spannenden Ausflug. Aber trotzdem gehört die Tunfischauktion auf diesem Fischmarkt unbedingt zu den Zielen, die man in Tokyo ansteuern sollte.

Man kommt zunächst durch ein 22 Hektar großes Labyrinth, in welchem sich hinter seinen Becken, Wannen, Eimern und Styroporkisten die fast 1000 Groß- und Zwischenhändler verschanzt haben (insgesamt arbeiten in Tsukiji auf dem Fischmarkt und dem benachbarten Obst- und Gemüsegroßmarkt 15 000 Menschen). Von diesem Markt und aus diesen Läden wird die ganze Kanto-Ebene, werden die Supermärkte, Fischgeschäfte und die Restaurants, werden über 30 Millionen hungrige Kunden jeden Tag außer sonntags mit ihrer Leibspeise versorgt. Und die Artenvielfalt auf diesem größten Fischmarkt der Welt mit seinen 2300 Tonnen Tagesumsatz ist schier unendlich. Man wird in Bassins und Eimern, auf Eis gelegt oder in Plastik eingeschweißt viele skurrile oder auch Furcht erregende Lebewesen entdecken, von denen man nicht einmal ahnte, dass sie auf diesem Planeten heimisch noch gar, dass sie essbar sind. Und doch haben sie alle ihren festen Platz auf der japanischen Speisekarte, die seit alter Zeit die Früchte des Meeres in allen erdenklichen Zubereitungsarten erforscht und probiert, denn kein Volk der Welt verzehrt mehr Fisch als die Japaner.

Die beste Stimmung herrscht erfahrungsgemäß bei den Tunfischen kurz vor ihrer turbulenten Auktion. Mit verklärten Mienen zerrei-

1 Geheime Zeichen und lustiger Singsang – Tunfischauktion in Tsukiji. 2 Gefrorene Kolosse – die Tiefkühlware. 3 Wie Juwelen in der Vitrine werden die besten Stücke gehandelt. 4 Die frischen Tunfische werden täglich aus aller Welt eingeflogen.

1

2

3

4

5

6

7

8   **9**

Kleines Sushi-Sortiment: Vom Schnellsushi unten am Bahnhof eine kleine Auswahl köstlicher Sushi-Spezialitäten: **1** Muschel. **2** Garnele. **3** Tunfisch. **4** Gurkenstücke in Seetang. **5** Ei. **6** Lachs. **7** Rossmakrele. **8** Seeigel. **9** Lachsrogen. Merke: California-Rolls und Ähnliches gehören nicht dazu.

ben die Fachmänner zuvor das eisige Fleisch der tiefgefrorenen Tunfische zwischen Daumen und Zeigefinger und bestimmen so den Fettgehalt. Je fetter, desto leckerer. Reihe um Reihe der froststarren, in Taunebel eingehüllten Fischkörper schreiten sie mit ihren Enterhaken ab und suchen sich die Objekte aus, für die sie mit bieten wollen. Hier geht es um richtig viel Geld, um das in Jahrzehnten gewachsene Vertrauen der Stammkunden in einem Land der Fisch-Feinschmecker und jeder der Händler hat einen Ruf zu verlieren. In der großen Halle sind die frischen Tunfische ausgelegt, deren Bäuche das sachverständige Interesse der Großhandelseinkäufer wecken. Denn das fette, rosafarbene Bauchfleisch – *toro* genannt – lässt sich zum begehrtesten Sushi filetieren. Der teuerste dieser Happen brachte mal umgerechnet 1000 Euro pro Kilogramm. Wer die kleinen gelben Schildchen mit ihren Herkunftsorten entziffern kann, der wird sich vorkommen wie auf einer internationalen Konferenz toter Tunfische. Sie kommen aus Südafrika, Fiji oder Chile, den Malediven, aus Spanien, der Türkei und Taiwan. Auf der ganzen Welt suchen die Japaner nach dem besten Fisch, sorgen dafür, dass er sachgerecht getötet und mit Eis präpariert wird und mit dem nächsten Flugzeug nach Tokyo gelangt: Luxus-Fisch für Feinschmecker.

Was uns in Europa oder Amerika so alles als Sushi serviert wird und sonderbarerweise immer mehr Anhänger findet, darüber können die Fischhändler in Tsukiji freilich nur müde lächeln.

1 Aufladen der Beute von heute. **2** Handwagen sind ein Transportmittel ... **3** ... schneller geht es mit dem Knatterkarren. **4** Fachgerecht will der teure Fisch zerlegt werden. **5** Noch heute werden sie als Sushi und *sashimi* serviert.

Sushimeister Suzuki – jeder Schnitt ein Hit

Herr Suzuki Tsugio ist einer von tausenden Sushi-Köchen, die jeden Morgen in Tsukiji ihren Tagesbedarf einkaufen. An der Theke in seinem kleinen Restaurant haben maximal zehn Gäste Platz, die meisten sind Stammkunden, die seinem Urteil und seiner Kenntnis vertrauen. Wie üblich in den guten Sushi-Restaurants gibt es keine Speisekarte. Man setzt sich hin und sagt: »Was empfehlen Sie denn heute?«, und schon legt er los. Der Mann hat seinen Beruf 16 Jahre lang erlernt und ist, wie jeder erfahrene und engagierte Fisch-Schnitzer in diesem Land, der reinste Sushi-Professor. Er weiß alles über jeden der Menschheit bekannten Fisch und seine Wirkung auf

die Geschmacksnerven – ob dieser leicht angeröstet besser schmeckt oder jener, wie der junge Maifisch erst gesalzen und in Essiglauge eingelegt werden sollte. Er weiß, dass die beste Jahreszeit für Abalone der Sommer ist und dass die besten Rossmakrelen aus den Gewässern von Awajishima in der Inlandsee kommen. Und er kennt auch die historisch begründeten Besonderheiten seines Gewerbes: Zum Beispiel schneiden die Köche in Osaka, dem alten Kaufmanns- und Handelszentrum, den Seeaal vom Bauch her auf, was angesichts des seeaaligen Körperbaus auch vernünftig ist. Aber die Köche in Tokyo, wo seit jeher die Samurai den Ton angaben, bringen das nicht über sich, weil der Bauchschnitt zu sehr an den rituellen Selbstmord, den *seppuku* erinnert – bei uns als Harakiri, der beherzte Schnitt mit dem Messer durch den Unterleib, bekannt.

Herr Suzuki weiß auch, dass man den Fisch namens *kocho* (Verzeihung, aber da muss selbst mein Wörterbuch passen, das mich ansonsten an kaum einer reich gedeckten Tafel im Dunkeln ließ. Es meldet nur »Zugvogel«, wobei ganz ersichtlich ist, dass es sich bei diesem Fisch ganz gewiss nicht um einen Zugvogel handelt) wegen seiner harten, krummen Knochen nur mit dem so genannten *daimyoo-zoroshi*, dem Lehnsfürstenschnitt, filetieren kann, der so heißt, weil luxuriös viel Fleisch am Knochen hängen bleibt. Herr Suzuki weiß, dass die Scholle im Sommer besser ist und der Butt im Herbst und Winter und dass die Flossen und die Knochen sich vorzüglich für die Suppe eignen und so weiter und so weiter.

Ich will Ihnen nicht die Freude und den Appetit an dem nehmen, was in unseren Schickeria-Restaurants und heute mitunter schon als Pausensnack im Plastikpack und drei Tage haltbar gereicht wird. Aber was immer es ist, vertrauen Sie mir, es ist nicht Sushi ...

Das Auge isst mit
Die Genüsse der japanischen Küche

Das wichtigste Wort der japanischen Küche heißt nicht wie man vermutet Sushi, sondern *shun*. Der Begriff bezeichnet die Jahreszeit, in der dieses oder jenes Gemüse, Obst oder Meeresgetier am besten schmeckt und am gesündesten ist. Wir kennen das freilich auch als »Spargelzeit« oder »Miesmuschelsaison«, aber unsere Küche ist längst nicht so vielfältig, traditionsreich und unverfälscht – und nicht so eng mit den Jahreszeiten und ihren jeweiligen Angeboten verzahnt wie die japanische. So gut wie jedes Gericht aus der japanischen Hochküche ist an einen Monat gebunden, ist eine Verbeugung vor der Natur und eine Feier derselben.

Die Bambussprossen kommen im April, nach der Kirschblüte. Die dicken, weißen *Daikon*-Rüben im Winter. Die berüchtigten Kugelfische im November, so auch die Krebse aus dem Japanmeer. Rapsblüten und Chrysanthemenblätter findet man nur in der Frühlingssuppe. Die erste Ladung der *sanma*, der Makrelenhechte, im nordjapanischen Fischerort Kessennuma ist ein nationales herbstliches Ereignis. Der Aal wurde schon im 8. Jahrhundert als perfekte Speise gegen die erdrückende Sommerhitze gepriesen und der späte Oktober bringt den *Matsutake*-Pilz.

Von jeher waren Fisch und Meeresfrüchte der Grundstock der japanischen Küche. Nicht verwunderlich, wenn ein Land mitten im Meer liegt und von den fischreichsten Gewässern der Welt umspült ist. Fleisch und tierische Fette waren seit der Ausbreitung des Buddhismus ab dem 6. Jahrhundert zumindest öffentlich verpönt. Beim Fisch waren die Japaner wohl am ehesten geneigt, eine Ausnahme zu machen. Trotz der gloriosen Geschichte einer hoch entwickelten fleischfreien Klosterküche haben es Vegetarier übrigens bis heute in Japan überaus schwer. Und wer sagt: »Bitte, kein Fleisch!«, der wird zu hören bekommen: »Was denn – nicht mal Fisch? Oder wenigstens Huhn?«

Ihre wohl höchste Vollendung findet die japanische Küche in der Form des *kaiseki* (Haute Cuisine), die in teuren Spezialitätenrestaurants und den Herbergen, den *ryokan*, serviert wird.

Für sich genommen hat keines der delikaten Gerichte, die zu einer ausgewachsenen *Kaiseki*-Mahlzeit gehören, einen starken eigenen Geschmack. Auch die Standardgewürze sind recht mild: etwa Sojasoße, Kochwein (*mirin*), Sojapaste (*miso*) und Essig. Zusätzlichen

1 Die Dekoration bedient sich der Früchte und Blätter der Jahreszeit.
2 Viele Töpfchen, Schälchen, Schüsselchen – so macht die Mahlzeit Spaß.
3 Rindfleisch und Gemüse gart der Gast selbst auf dem Tischgrill.
4 Herzhaft, abwechslungsreich und gesund – das traditionelle Frühstück.

Kostbare Pilze

Die eigentliche Königin des Herbstes ist eine zehn bis zwanzig Zentimeter hohe Pilzart namens *matsutake,* wörtlich »Pinien-Pilz«. Eine schwer zu züchtende Familie, die fast nur in der Wildnis, vor allem auf den sandigen Granitböden und in den Pinienwäldern in Kyoto und der Präfektur Gifu geerntet wird. Oder sie wird aus Nordkorea eingeführt – *matsutake* sind vielleicht neben der Raketentechnik der wichtigste Exportartikel des stalinistischen Schattenreichs. Gegrillt, in Reis gedünstet oder in kleinen Teekannen mit Kräutern und Fisch aufgekocht entfaltet der *matsutake* sein köstliches und kostbares Aroma. Wobei kostbar auch wörtlich zu nehmen ist. Die Aufnahme zeigt eine dreiteilige *Matsutake*-Kollektion in einem bereits weitgehend von überzeugten Pilz-Gourmets leer geräumten Fachgeschäft in Kyoto. Der Preis für die drei Pilze ist mit 40 000 Yen angegeben. Rechnen Sie das bitte spaßeshalber mal selbst in Euro um und versuchen Sie zu verstehen, wie begehrt diese Pilze sind.

Rindfleisch ist ein relativ neuer Eintrag auf der japanischen Speisekarte und gelangte im großen Stil erst mit der *Meiji*-Restauration nach 1868 auf Japans Teller. Und selbstverständlich wurde auch das Beef wie alles, was aus dem Ausland nach Japan kam, den japanischen Regeln und dem

japanischen Geschmack angepasst. Rindfleisch, wenn es gut ist und teuer, ist sehr üppig marmoriert und fetthaltig und wird vor allem im Winter gerne zusammen mit Gemüse und Glasnudeln in die reichhaltigen, blubbernden Brühen der Topfgerichte *sukiyaki* und *shabushabu* versenkt. Die Zentren der Fleischproduktion sind gleichzeitig Qualitätsmerkmale: Matsuzaka, Kobe, Omi oder neuerdings auch Hida. Hier werden die Rinder von ihren Haltern gemästet, gepflegt und massiert, mit nahrhaften Getreidecocktails und im heißen Sommer auch schon mal mit einem Schluck Bier bei Laune gehalten und sehen, wenn es Zeit wird für die Auktion, aus wie Tonnen auf Beinen. 300 Gramm dieses Hida-Beefs für *sukiyaki* kosten im Supermarkt 3000 Yen. Das sind gut 22 Euro. Noch teurer ist das Rindfleisch aus Matsuzaka ...

Geschmack steuern Kräuter und Wurzeln bei: grüner Rettich (*wasabi*), Ingwer, Schwarznessel, Gelbholz. Es ist vielmehr das Zusammenwirken verschiedener Rohstoffe, Gewürze und Bissen zu einem perfekt vorausgeplanten Gesamtgenuss.

Langes Kochen, Dünsten und Garen ist des japanischen Kochs Sache nicht: Viel wichtiger ist die Präsentation der Speisen, das Erlebnis des Servierens und die farbliche Abstimmung, die Anordnung und die feinen Anspielungen auf die Jahreszeit. Wichtig ist die ästhetische Balance der Formen, Größen und Strukturen, die Harmonie zwischen Aussehen und Geschmack. Deswegen kennt die japanische Küche auch keine Gedecke: Jeder Bissen, jeder Gang wird auf einem anderen Teller, in einer anderen Schale dargereicht. Ein hochklassiges, japanisches Essen hat kein Hauptgericht. Es gibt viele kleine Höhepunkte, etwas Rohes und etwas Gebratenes, eine Suppe, etwas Gedünstetes und einen Eintopf, der erst am Tisch angefeuert wird, etwas Frittiertes. Man isst sich an einer solchen Mahlzeit nicht satt – man isst sich zufrieden.

1 In feuerfestem Papier schmoren Fisch, Tofu und Gemüse auf dem Tisch. **2** Jede Soße, jedes Gericht, jede Beilage kommt in einem besonderen Gefäß. **3** Gedünstet, gegrillt oder auch roh – und immer mit einer leckeren Soße. **4** Augenschmaus: Japans Spitzenköche sind Ästheten.

Im Land der köstlichen Imbisse
Fastfood jenseits der Currywurst

Gestatten Sie mir, das Thema »Japanisches Essen« noch ein wenig zu vertiefen, weil es eines meiner Lieblingsthemen ist und weil sich viele Ausländer und Durchreisende leicht von den manchmal fremdartigen, gleichwohl allesamt köstlichen oder zumindest gesunden Speisen dieses Landes einschüchtern lassen und dadurch unglaubliche Genüsse schlichtweg verpassen.

Als schwebe eine drohende Hungergefahr über diesem Land, ist das Angebot an Imbissen und kleinen Leckereien so breit gefächert und vielfältig, dass einem die heimische Currywurst bald erscheinen will wie ein wirklich armes Würstchen. Und wenn Sie immer wieder hören, dass Japan und Tokyo so teuer sind, dass man dort eigentlich gar nichts essen kann, dann seien Sie gewiss, dass keines dieser köstlichen Imbisse Sie üblicherweise mehr als zehn Euro kosten wird. Apropos Curry – Curryreis ist eine der beliebtesten Schnellmahlzeiten: ein Teller Reis mit einer im günstigen Falle reichhaltigen Soße aus Fleisch, Karotten und Zwiebeln.

Die japanische Version unseres Butterbrotes heißt *onigiri*, das sind in getrockneten Seetang und mit diversen Füllungen – von sauer eingelegten Pflaumen bis Lachs oder Tunfischmayonnaise – eingewickelte Reisdreiecke.

Von den allfälligen Spießchen abgesehen sind diese beiden Happen die einzigen Schnellgerichte, die üblicherweise nicht mit Stäbchen verzehrt, sondern gelöffelt (der Curryreis) oder aus der Hand *(onigiri)* gegessen werden. Falls Sie Schwierigkeiten haben sollten, mit Stäbchen zu essen, brauchen Sie sich wirklich nicht zu schämen. Im Gegenteil. Offenbar gehen die meisten Japaner nach wie vor davon aus, dass wir *gaijin* (Ausländer) ohne Messer und Gabel schlichtweg aufgeschmissen sind und reagieren oft mit übertriebener Bewunderung, wenn wir unsere Mahlzeit tatsächlich auf die landesübliche Art und Weise einnehmen.

Was uns die Pommes frites sind dem Japaner die Nudeln, insbesondere *soba*, dunkle Buchweizennudeln in würziger Brühe. Man serviert sie meist mit diversen Zugaben wie frittierten Shrimps oder grünem Gemüse. Wahlweise findet man auch dicke weiße und etwas glitschige Nudeln in der Suppe. Dann heißen sie *udon*, gehorchen anderen physikalischen Gesetzen und sind für Anfänger etwas schwieriger mit Stäbchen zu essen.

1 *Onigiri* heißt die japanische Version unseres Butterbrotes – Reisbällchen in Seetang. **2** Wenn der *Noren*-Vorhang draußen hängt, ist das Restaurant geöffnet. **3** *Yakitori* – Hühnerspießchen. **4** Ein Klassiker der ländlichen Garküche: in Salzkruste gegrillte Zwerglachse.

Okashi sind Nasch- und Knuspersachen und Teegebäck von hoher kultureller Bedeutung. Jedes Touristenziel in Japan verfügt über eine ungeheure Vielfalt von okashi und jeder Reisende ist gesetzlich verpflichtet, den Lieben daheim eine Packung okashi mitzubringen oder aber andere lokale Spezialitäten. Besonders zu empfehlen sind: 1 Udon-Nudeln. 2 In würziger Tunke eingelegte Wurzeln. 3 Sauer eingelegte Rüben. 4 Bohnen und Dörrfisch. 5 Senbei-Reiscracker. 6 Teegebäck aus Sojapaste oder fermentierten Sojabohnen. 7 Kohl für die Suppe.

Im Sommer werden die *soba* übrigens oft kalt serviert, dazu eine würzige Tunkebrühe mit Schnittlauch und *wasabi* (dem scharfen, grünen Meerrettich, der auch zu Sushi und *sashimi* gereicht wird und von dem einige Wissenschaftler überzeugt sind, er enthalte nukleare Brennstoffe). Kalt serviert nennt man die dunklen Nudeln *zarusoba* und ich könnte Ihnen hier eine für mich sehr peinliche Episode beschreiben, die sich ereignete, als ich vor vielen Jahren zum ersten Mal voller japanologischer Rechtschaffenheit und in fließendem Hochjapanisch *zarusoba* bestellte. Aber zum Glück würde das den Rahmen sprengen. Merken Sie sich einfach, dass die erwähnte würzige Brühe eine Tunke (!) ist und keine kalte Suppe (!) und Sie die Nudeln darin eintunken und nicht die Nudeln essen und dann und wann einen Schluck der mutmaßlichen Suppe zu sich nehmen sollten ...

Und noch ein kleiner Überlebenstipp: Die meisten der modernen *Soba*-Theken nehmen kein Bargeld, sondern erwarten vom Gast, dass er sich am Automaten ein Ticket zieht. Dies setzt jedoch eine wenigstens rudimentäre Kenntnis japanischer Schriftzeichen voraus oder entsprechende Abenteuerlust und kulinarische Flexibilität ...

Wo ich gerade vom Rahmen sprach: Dies ist die zweite grundlegende japanische Nudel-Erfahrung, *raamen*. Auch diese weißen, leicht gelockten Nudeln schwimmen in einer herrlich reichhaltigen

Suppe. Meist in Gesellschaft von Bambussprossen und Sojakeimlingen, gekochtem Ei und Scheibchen vom Schweinsbraten.

Diese Nudelsuppengerichte werden unter Freisetzung mitunter herzhafter Schlürfgeräusche nicht einfach nur gegessen, sondern regelrecht eingesogen, ja vielmehr noch, sie werden eingeatmet. Wobei Fachleute schwören, dass sich durch fachgerechtes Schlürfen der Genuss tatsächlich noch erhöhen ließe. Dieses Geheimnis werden wir *gaijin* nie wirklich ergründen, denn wir sind in der Regel grauenhafte Schlürfer. Entweder sippeln wir allzu vorsichtig, wobei wir uns immer wieder durch Seitenblicke vergewissern, dass wir nicht unangenehm auffallen, oder wir lassen die von unseren braven Müttern eingeimpften Schlürfhemmungen endlich sausen und werden so laut, dass sich selbst die Japaner nach uns umdrehen.

Sie wissen bestimmt, dass auch Sushi als Fastfood und am Fließband konsumiert werden kann, weil sich das weltweit längst durchgesetzt hat und weil auch in Ihrer Nachbarschaft unlängst ein solches Restaurant eröffnet hat. (Und ich verkneife mir hier den süffisanten Hinweis, dass selbst das japanische Drehsushi das durchschnittliche europäische oder amerikanische Restaurantsushi noch an Qualität weit übertrifft.)

Während die leckeren Nudelsuppen meist in festen Gebäuden, an Theken, im Falle des *soba* auch gerne an rund um die Uhr geöffne-

Der Stolz jedes Ladens

Jedes japanische Restaurant, auch jede bessere Nudeltheke und viele Geschäfte, die alteingesessenen sowieso, haben über ihren Eingängen die so genannten *noren* aufgehängt. Das sind eingeschlitzte Ladenvorhänge. Früher waren sie meist blau und mit weißen Schriftzeichen versehen, heute kommen sie in allen erdenklichen Farben vor und ihnen ist gemein, dass darauf der Name des Etablissements und, sofern vorhanden, auch das Wappen aufgedruckt oder eingewebt sind. Diese Vorhänge hingen schon im 8. Jahrhundert an

japanischen Häusern, um Sand und Staub draußen zu halten. Heute zeigen sie vor allem an: Herzlich willkommen, wir haben geöffnet. *Noren* sind nicht nur Vorhänge – in ihnen offenbart sich der Stolz und die Identität des Ladenbesitzers. Mein Wörterbuch definiert beispielsweise einen altbewährten Laden als »*Noren-no furui mise*« – einen Laden mit einem alten *noren*. Und diese *noren* zwingen, ob das nun Absicht ist oder nicht, den eintretenden Kunden und Gast zu einer zumindest symbolischen Verbeugung, was auf jeden Fall angemessen ist und zu einer insgesamt harmonischen Atmosphäre beiträgt.

1 Sushi am Fließband: bezahlt wird nach Tellerzahl und -farbe. 2 *Oden* – Gedünstetes z. B. Lotoswurzeln, Rübe oder Tofu. 3 Auf Holzkohle müssen die Hühnerhappen gegrillt werden. 4 *Soba* – Buchweizennudeln in würziger Suppe, gerne auch mit Kräutern, Fischpastete und paniertem Hering. 5 *Okonomi-yaki,* Pfannkuchen mit reichlich Kohl, Ingwer und Ei.

ten Stehtheken – besonders beliebt auch an Autobahnraststätten oder auf Bahnsteigen –, gereicht werden, ist das reichhaltigste Angebot an traditionellem Fastfood an den bunten Straßenständen und Buden zu finden. Die ballen sich immer dort zusammen, wo gerade was los ist – meist bei den *matsuri,* den Schreinfesten, an den großen Gärten zur Kirschblüte, bei Volksfesten und Rockkonzerten. Das wichtigste Wort, das in diesem Zusammenhang zu lernen wäre, heißt »*yaki*« – es bezieht sich auf alles, was gebraten ist.

Auf heißen Platten und Grills brutzeln *yakitori* – Hühnerspießchen mit Lauch, *takoyaki* – Teigbällchen mit Tintenfisch, *okonomiyaki* – Pfannkuchen mit Kohl, Ingwer und Ei, *yakisoba* – Bratnudeln mit Kohl, Ingwer und ohne Ei. Daneben bereitet man Rindfleischspieße und Bananen im Schokoladenmantel, Würstchen am Spieß (die auf Japanisch »*Furankufuruto*« heißen – also genauso wie die deutsche Stadt am Main, die man sich in Japan wohl als eine Art Wurstparadies vorstellt) und gedämpfte Kartoffeln und wenn man Glück hat auch *sakana-shioyaki* – gesalzener und gegrillter Flussfisch am Spieß. Das alles wird in Plastik- und Styroporgeschirr serviert, mit Einwegstäbchen – beides nicht nur umwelttechnisch bedenklich. Nach der Mahlzeit steht man nicht selten vor dem schwer wiegenden Problem, wie das Werkzeug zu entsorgen ist, denn Japaner halten nichts von öffentlichen Mülleimern. Also schaut man, wo schon andere verzweifelte Mitesser ihren Müll abgeladen haben, und legt seinen verschämt daneben, in der nicht ganz irrigen Annahme, dass hinterher schon einer kommen und den Abfall wegräumen wird.

Die hohe Kunst der Unterhaltung
Die Geishas von heute

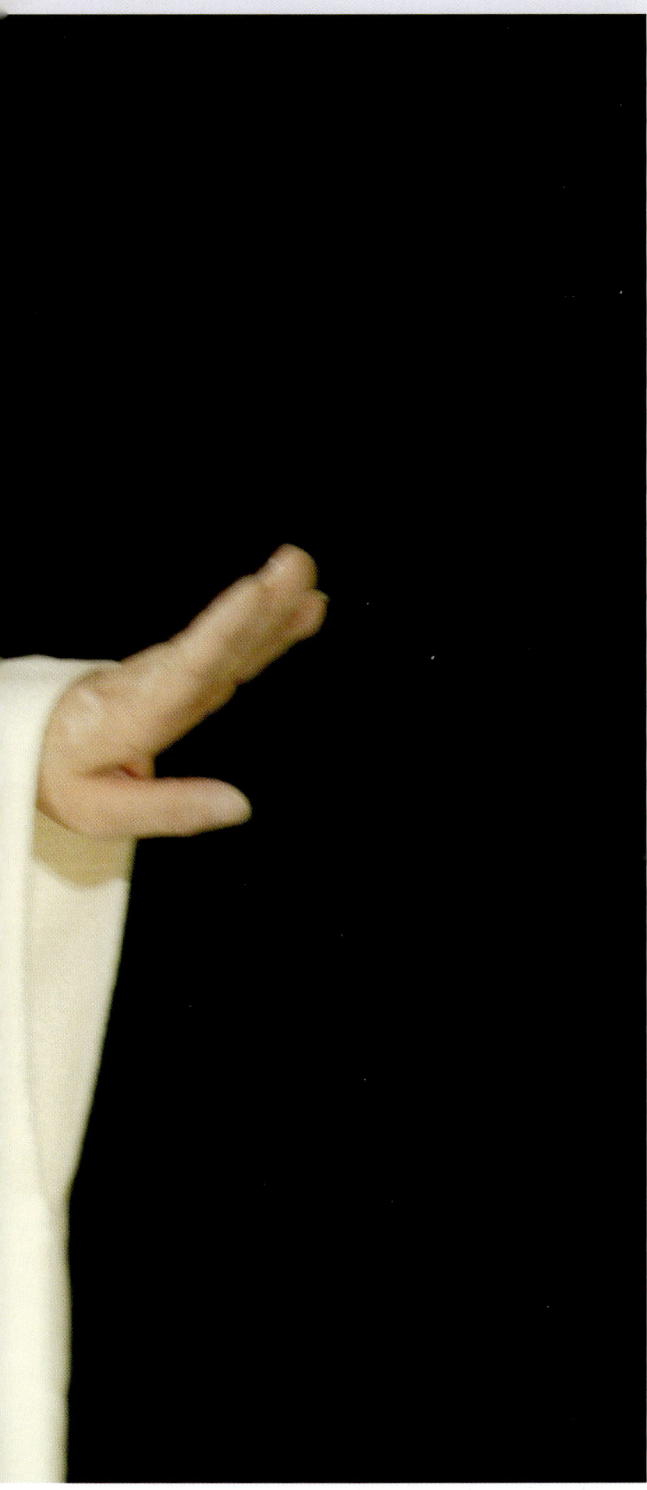

Wer das Wort Geisha auch nur in den Mund nimmt, gerät sofort unter Klischeeverdacht. Und das vermutlich zu Recht. Kaum irgendetwas Japanisches ist öfter strapaziert, abgebildet, definiert und erklärt und am Ende doch falsch verstanden worden. Schauen wir also zur weiteren Erörterung des für erschöpft gehaltenen Themas der Abwechslung halber mal nicht nach Kyoto, der eigentlichen Heimat der Geishas (wo sie jedoch nicht Geisha genannt werden wollen, sondern *geiko* – aber das ist eine andere Geschichte), sondern nach Atami und erkennen, dass es auch und vor allem die Geishas nicht immer leicht haben.

Atami war während seiner besten Jahre so beliebt, dass es mit nahezu 900 Geishas nach Kyoto die zweitgrößte Geisha-Gemeinde des Landes besaß. Sicherlich wurde bei den auch schon mal recht ausschweifenden Feiern der typischen Atami-Touristen nicht die gleiche kulturelle Raffinesse gefordert wie bei den eitlen *geiko* in Kyoto. Deren feine Kultiviertheit erreicht auf ihrem Höhepunkt ein entrücktes, gekünsteltes, fast außerirdisch anmutendes Stadium, in dem keine im herkömmlichen Sinne normale menschliche Kommunikation mehr möglich ist. Und dies wiederum ist, wenn ich das richtig verstanden habe, genau der Punkt.

Auf die hohe Kunst der Gedicht- und Liedrezitation sowie der feinsinnigen, geschliffenen Konversation und des perfekten Sake-Einschenkens aber konnten die bierseligen Betriebsgruppen in der Stadt der 1000 Lichter ohnehin leicht verzichten. Zumal zu einer zünftigen Geisha-Party auch alle möglichen derben Geschicklichkeits- und Bestrafspielchen gehören, wobei der Unterlegene meist mit dem Genuss von Alkohol bestraft wird und am Ende keiner mehr nüchtern ist – bis auf die Geisha, die im Dienst nicht trinkt und sowieso gleich weg muss, weil sie um 23.00 Uhr noch eine andere Gesellschaft zu betreuen hat.

Dennoch ersparte das den Geishas von Atami, die von ihren Kyotoer Kolleginnen verachtet wurden – wenn diese sich überhaupt die Mühe machten, ihre Existenz anzuerkennen –, nicht die mühevolle, jahrelange Ausbildung in Gesang und Tanz. Und auch nicht die beträchtlichen Betriebskosten. Allein ein guter Kimono kostet zwischen 30 000 und 50 000 Euro. Dafür verdienen sie nicht schlecht: umgerechnet 150 Euro Stundenlohn pro Geisha, plus Spesen, plus Trinkgeld. Eine echte Kyotoer *geiko* freilich würde für

1 Entrückte Blicke, stilisierte Tänze. **2** Auch Geishas haben einen »Weg zur Arbeit«. **3** Viel Wert wird auf die ausdrucksvolle Mimik gelegt. **4** Die Zukunft einer uralten Kunst ist eher düster.

1 Die Berufsbekleidung mit Perücke kostet einige zehntausend Euro.
2 Nicht alle Besucher wissen die Darbietungen zu schätzen. **3** Geisha-kunst für Laufkundschaft – vielleicht ein Weg aus der Krise. **4** Geisha-Garderobe – und Zeit für Experimente mit dem neuen Handy.

diese Summe noch nicht einmal ihr Make-up anlegen. Und so verlieh ihre Grazie so manch wildem *bonenkai* – das sind die ebenso beliebten wie hochprozentigen Feiern zum Jahresende – wenigstens einen gewissen kulturellen Glanz.

Jedoch – als in Atami »Schluss war mit lustig«, als die Sitten verrohten und immer mehr Sexclubs und Stripbars öffneten, da wurden viele Geishas arbeitslos und ihre Zahl verringerte sich auf 300. Die nicht das Glück hatten, von einem treuen Stammkunden ausgehalten oder geheiratet zu werden, mussten sich fortan als Empfangs-damen und Serviererinnen verdingen.

In ihrer Not beschloss die örtliche Berufsgenossenschaft, die wehmütigen alten Lieder und Tänze, die sonst nur für zahlende Genießer in den exklusiven Hinterzimmern teurer Hotels zur Auf-führung kamen, nun auf einer ordinären Theaterbühne darbieten

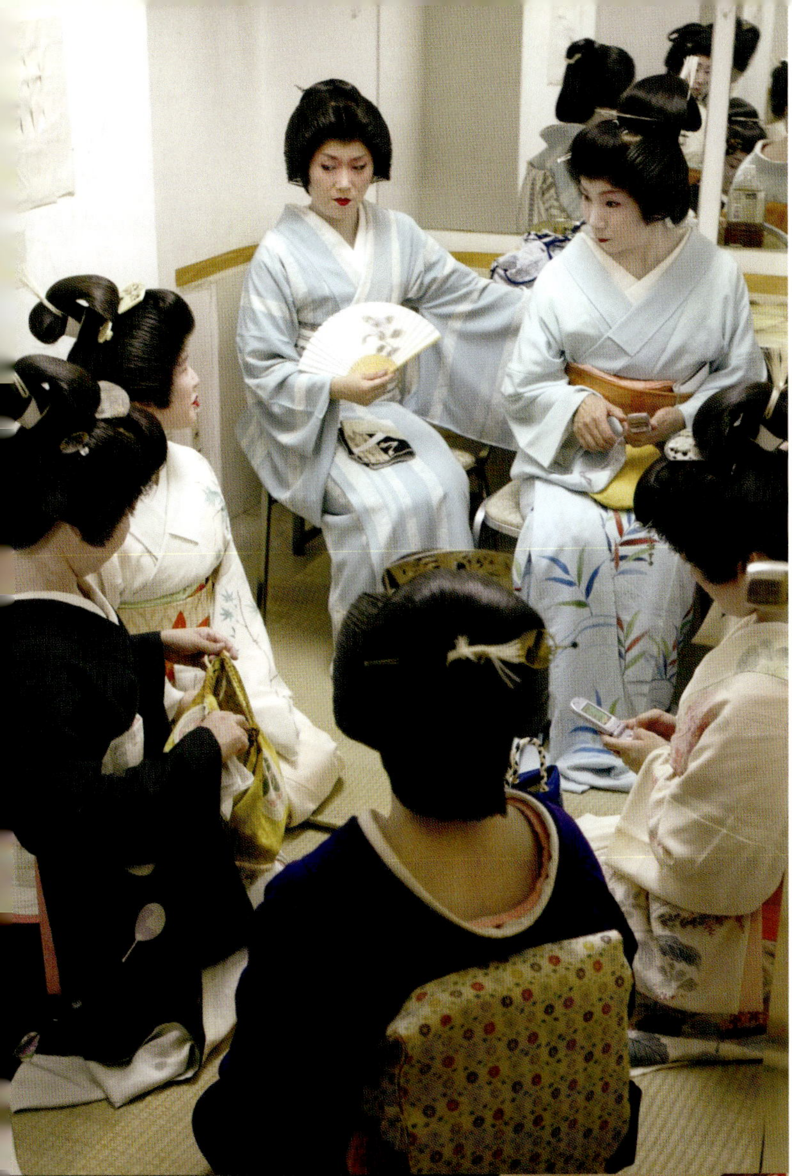

Atami – die Stadt der 1000 Lichter

Der Badeort Atami liegt eine halbe Schnellzugstunde südwestlich von Tokyo und war mal bekannt als »die Stadt der
1000 Lichter«. Das liegt allerdings schon eine Weile zurück
und war zur Zeit der »Bubble« in den achtziger Jahren des
vergangenen Jahrhunderts, als sich jeder in Japan wie ein
Millionär fühlte, als das Geld auf den Bäumen zu wachsen
schien und so sorglos verprasst wurde, als sei es Konfetti.
Atami kann getrost als eines der Symbole dieser fröhlichen
Jahre angesehen werden, denn Atami wurde dank seines

milden Klimas und seiner heißen Quellen zum Mekka vergnü-
gungssuchender Betriebsausflügler. Denn damals nahmen
die großen Firmen ihre Verantwortung für die Belegschaft
noch sehr ernst und spendierten alle möglichen Wohltaten zur
Erbauung des Personals. Doch dann gingen die 1000 Lichter
aus, die Party war plötzlich zu Ende, den goldenen Jahren
folgte eine lange Durststrecke. Die angeschlagenen Firmen
strichen Spesenkonten und Spaß-Etats zusammen, die
Luxushotels standen leer. Ein ähnliches Schicksal wie Atami
blühte auch vielen anderen Spaßzentren Japans. Die großen
Vergnügungsparks und Luxushotels, meist in der Annahme
eines unendlichen Booms und auf einem Berg von Schulden
errichtet, gerieten haufenweise in den Strudel der Rezession
und mussten schließen.

zu lassen. Für die Laufkundschaft sozusagen, am Wochenende, vor-
mittags. Das besiegelte zwar einerseits den Niedergang eines hoch
angesehenen und geheimnisvollen Berufsstandes, trug aber andererseits auch zur Demokratisierung des Vergnügens bei – denn
seitdem können sich auch Frauen an den Darbietungen erfreuen,
während die traditionellen Geisha-Partys den Männern vorbehalten waren.

Wenn ich gerade das Wort »Vergnügen« benutzt habe, dann sollte
der harmonieverwöhnte Leser nicht etwa annehmen, ein Geisha-
Vortrag klinge auch nur im Entferntesten so wie – etwa – ein Lied
der Andrew Sisters. Ehrlich gesagt halte ich es für ziemlich unmög-
lich, dass westliche Besucher ohne den nötigen kulturellen Schliff
einer hochklassigen Geisha-Darbietung irgendeinen Genuss abge-
winnen können. Aber das bleibt unter uns, ja?

Bei den wilden Ringerinnen
Die Disziplin des Durchhaltens

Es geschieht mit besonderem Vergnügen, dass ich dem ältesten und hartnäckigsten Klischee der japanischen Weiblichkeit, ein im Ausland eher unbekanntes Unterhaltungsgewerbe entgegensetze, nämlich das der Damencatcherin. Im Heimatland von Sumo und Karate ist das Catchen (oder *purores* – Kurzform für das amerikanische *Pro-Wrestling*) durchaus kein reines Dumpfbacken-Entertainment. Es versetzte bereits in den fünfziger Jahren des 20. Jahrhunderts das Volk in einen patriotischen Rauschzustand, als der legendäre Rikidozan die berüchtigten Sharpe Brothers aus San Francisco windelweich prügelte und den stark an Minderwertigkeitskomplexen gegenüber den Vereinigten Staaten leidenden Japanern eine lange vermisste Injektion von Überlegenheitsgefühl verschaffte. Das aber auch nur, weil den meisten zu diesem Zeitpunkt noch nicht klar war, dass Rikidozan koreanischer Herkunft war. Landesweit bezeugten bis zu 14 Millionen Zuschauer an Fernsehgeräten und auf Leinwänden seinen Triumph des Jahres 1954. Es war das »Wunder von Bern« auf Japanisch.

Damencatchen freilich brauchte noch ein paar Jahrzehnte, bevor es gesellschaftlich akzeptiert war. Von der ersten Stunde an dabei war Nagayo Chigusa, die neben ihren wöchentlichen Auftritten im Ring einen eigenen Ringerstall namens »Gaea« leitet und sich um die Ausbildung des Nachwuchses kümmert.

Bevor wir uns allerdings in das Trainingscamp der wilden Mädchen in Yokohama begeben, sollten wir ein sehr wichtiges, vielleicht das wichtigste Verb der japanischen Sprache kennen lernen: Es heißt *gambaru* und bedeutet so viel wie »durchhalten«. Selbst der flüchtige Besucher in Japan wird irgendwann einmal irgendjemanden im Fernsehen oder auf der Straße sagen oder rufen hören »*gambare!*« oder in der höflicheren Form: »*gambatte kudassai!*«, was nichts anderes ist als die allgegenwärtige Aufforderung zum Durchhalten. »Beiß die Zähne zusammen!« »Lass dich nicht unterkriegen!« Ein wichtiger Wunsch in einem Land, dessen soziales Miteinander nach wie vor zu einem guten Teil darin besteht, sich gegenseitig unterzukriegen, um eine Rangordnung festzulegen. In diesem Land haben Neulinge – sei es in der Schule, auf der Universität, im Sportclub oder am Arbeitsplatz – nie etwas zu lachen. Die Älteren sind die *sempai* und der Neuling ist der *kohai* und es versteht sich

1 Aya muss mörderische Sparringsrunden überstehen … **2** … und hält durch bis an den Rand des Zusammenbruchs. **3** »Dynamite Kansai« verbiegt Nagayo Chigusa. **4** Im Ring wird kein Pardon gegeben.

von selbst, dass der *kohai* bedingungslos allem zu gehorchen hat, was der *sempai* befiehlt. Da leuchtet es wohl ein, dass die Erziehung zur Proficatcherin einer der unerfreulichsten Ausbildungswege ist, der sich denken lässt. Und, merke, wenn es auch nicht gleich einsichtig ist: Die Härte, sofern sie nicht ins Sadistische abgleitet, was natürlich nicht ausbleibt, wird von den Betroffenen, den Beteiligten und den Außenstehenden als normal empfunden. Entwürdigung, Schikane und vieles, das wir als nackte Folter empfinden würden, ruft in Japan nicht Mitleid und Amnesty International auf den Plan, sondern allenfalls den aufmunternden Ruf »*Gambatte kudassai!*«. Denn nur wer die Höllenqualen übersteht, der hat sich redlich den Respekt der Gesellschaft verdient, der wird selbst ein *sempai* und kann dazu übergehen, nun seinerseits den *kohai* mit Genuss genau das zuzufügen, worunter er selbst zu leiden hatte. Nach diesem Prinzip funktioniert ein erschreckend großer Teil des japanischen Gemeinwesens.

Die Regeln, nach denen das Damencatchen funktioniert, sind schnell erklärt: Zwei oder auch mehr muskulöse junge Frauen treffen in einem Ring aufeinander, um sich gegenseitig nach Strich und Faden zu vermöbeln. Das Publikum – zu einem nicht geringen Teil auch jung und weiblich, wenn meist auch nicht sehr muskulös – umjubelt die Gladiatorinnen, wirft ihnen Luftschlangen in ihren

1 Mit Luftschlangen in den Kampffarben feiert das Publikum seine Heldinnen. **2** Phantasiekostüme und böse Blicke – vieles ist reine Show... **3** ...aber die Schmerzen sind echt. Nirgends ist Damencatchen härter als in Japan. **4** Wer schlecht vorbereitet ist, kann sich schwer verletzen.

Harte Schule: Nagayo Chigusa

Im Dezember 1964 in Nagasaki geboren wollte sie eigentlich Ärztin werden, aber diese Ausbildung war ihren Eltern zu teuer und so kam sie zum Damencatchen, das damals, Anfang der achtziger Jahre noch im sumpfigen Umfeld der Rotlichtbezirke beheimatet war. Nagayo Chigusa und ihre langjährige Ringgenossin Lioness Aska trugen als die so genannten »Crush Gals« dazu bei, den Kampfsport seriös und beliebt zu machen. Nach dem Verlust einer Freundin und Kollegin, die nach einem Kampf an Hirnblutungen starb, schwor sich Nagayo, nie wieder zuzulassen, dass mangelhaft ausge-

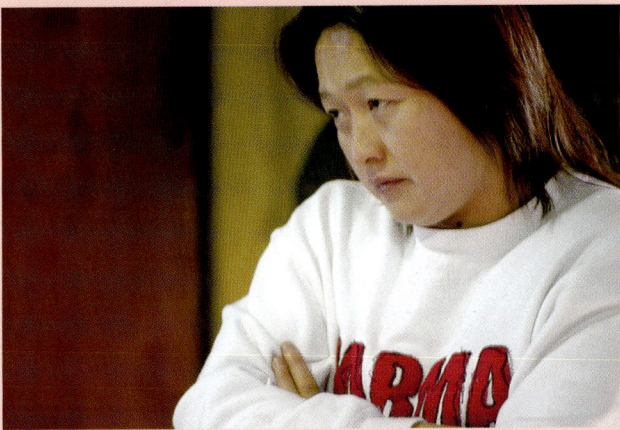

bildete Athletinnen in den Ring steigen. Sie hat dutzende von Mädchen ihrem Traum von Ruhm und Ehre im Ring näher gebracht und spricht von ihren Schülerinnen mit dem liebevollen Stolz einer Mutter. Aber es würde ihr niemals einfallen, die Mädchen von diesen Gefühlen wissen zu lassen. Im Gegenteil: Sie gebärdet sich wie eine Teufelin, sie schreit, beleidigt und schlägt auch mal herzhaft zu. Manchmal, sagt sie, kommt sie nach Hause und weint, weil ihr die Schläge genauso wehtun wie ihren Schülerinnen. Die Nachwuchsringerinnen sollen durch das rabiate Training ihre Angst verlieren und sich im Ring behaupten lernen. Sie sollen die wichtigsten Regeln des Frauencatchens beherzigen: niemandem ernstlich wehtun – aber auch sich selbst nicht wehtun lassen.

Kampffarben in den Ring und schöpft aus den oft brutalen und manchmal blutigen Kämpfen die für das gesellschaftliche Überleben wichtige Lehre, dass die Welt nun mal hart und ungerecht ist. Und dass, wer ordentlich einsteckt und austeilt, Bewunderung und Respekt verdient. Das hilft vielen in Beruf, Familie und Ehe.

Aya, ein 18-jähriges Mädchen hat beschlossen, sich der Ausbildung zur Proficatcherin bei Nagayo Chigusa zu unterziehen. Nach mehrmonatiger Tortur – sechs bis acht Stunden jeden Tag, Ausdauer- und Krafttraining, Fallübungen, kein Besuch, kein Ausgang – wird Aya dem Ringtest unterzogen: Sie muss beweisen, dass sie unter Gefechtsbedingungen gegen jede noch so bösartige Widersacherin bestehen kann. Runde um Runde, einen ganzen Nachmittag lang, wird das Mädchen von ihren Teamkolleginnen (ihren *sempai*) grausamst in die Mangel genommen – angesprungen, niedergeworfen, getreten, verhauen, an den Haaren gezogen und durch den Ring geprügelt wie eine Gummipuppe. Nur wenn sie wieder aufsteht und sich wehrt, kann sie ihre Ringreife beweisen.

Wieder und wieder wird sie in den Kampfpausen von ihrer vergötterten Lehrerin Nagayo Chigusa zusammengeschrien, geohrfeigt und fürchterlich verbogen und gedemütigt. Dabei könnte Aya doch jederzeit aufstehen und gehen – und warum sie genau das um Himmels willen nicht endlich tut... das ist das große Geheimnis von

gambaru, das jeder in Japan versteht und das außerhalb Japans kaum jemandem zu vermitteln ist. Das Überwinden seiner Schwächen und Fehler, das Aushalten und Einstecken gilt in Japan als die höchste Tugend.

Schließlich besteht Aya ihren Debütkampf, den sie selbstverständlich verliert – aber das ist gar nicht wichtig. Wichtig war und ist allein, dass sie durchgehalten hat. Deswegen jubeln die Mädchen aus dem Publikum ihr zu. In Japan kommt es gar nicht so sehr darauf an, am Ende auch zu gewinnen. Hauptsache, man hat sich ordentlich angestrengt und sich selbst besiegt. Ein tragischer Verlierer, einer, der Fehler macht und sichtlich darunter leidet, ist den Japanern allemal lieber als ein strahlender Held. Deswegen war der größte Star der Fußball-WM 2002 und der weit darüber hinaus bekannteste Deutsche in diesem Land ausgerechnet Oliver Kahn.

Sensible Kolosse
Die zarten Bullen von Ojiya

Aus vielem, was bisher beschrieben und gesagt wurde, geht hervor, dass die japanische Kultur keineswegs aktiv die direkte Konfrontation sucht oder das beherzte Aufeinanderprallen gegnerischer Stirnpartien. Außer, wenn dies – wie etwa beim Catchen – in gegenseitigem Einvernehmen und zur Belustigung oder emotionalen Erbauung des zahlenden Publikums geschieht. Es gibt aber auch andere Ausnahmen. Immerhin ist Japan ja die Heimat diverser Kampfsportarten wie Judo, Karate, Schwertkampf und des Sumo – allesamt Disziplinen, die einen Teil ihres Zaubers daraus beziehen, dass zwei Gegner in vergleichsweise brachialer Weise ihre Kräfte messen. Doch geschieht dies immer in zivilisierter, ritueller und höflicher Art und Weise. Für den Karatekämpfer ist der Respekt und die Achtung vor dem Gegner ein heiliges Gebot. Und auch beim Sumo wirft der Sieger seinen Widersacher zwar unsanft aus dem Ring, hat dabei aber doch die würdige Form zu wahren und darf zum Beispiel hinterher nicht auf dem Unterlegenen herumspringen. Wichtig ist in diesem Land, dass dem Verlierer die Chance gegeben wird, sein Gesicht zu wahren. Wichtig ist außerdem, dass die allem zugrunde liegende Harmonie (wa) nicht gestört wird.

Seit Urzeiten, als die Tiere eine frühe Form der LKW-Motoren waren, werden in Japan Stierkämpfe ausgetragen – heute allerdings nur noch an wenigen Orten. Namentlich in Ojiya, Präfektur Niigata, in Uwajima in Shikoku und in Okinawa. Das mag auf den ersten Blick wie ein Fall für den Tierschutzverein aussehen. Aber bei näherem Hinsehen macht man die wunderbare Entdeckung, dass auch diesen Kämpfen eine urjapanische und noble Gesinnung zugrunde liegt, nämlich die der Harmonie und des Respekts. Wenn man die Bullenhalter von Ojiya auf die Stierkämpfe in Spanien anspricht, dann ziehen sich ihre Augenbrauen zusammen und sie machen böse Gesichter: »Das ist widerlich«, sagen sie. Sie lieben ihre Bullen vermutlich mehr als ihre Ehefrauen – und fast so sehr wie die berühmten koi, die Edelkarpfen, die in Ojiya sehr erfolgreich gezüchtet werden. Sie hegen, pflegen und trainieren die Tiere, sie nehmen Teil an ihren Stimmungen und können ihre Gesichtsausdrücke deuten.

Im Spätsommer ist Bullenkampfsaison in Ojiya, da laden am Wochenende die stolzen Bauern ihre bulligen Gladiatoren auf den

1 Ein Bulle wälzt sich am Boden – so bekommen sie ein Gefühl für den Ring. 2 Auge in Auge – der Höhepunkt jedes Kampfes. 3 Das Publikum ist kenntnisreich und anspruchsvoll. 4 Die Kolosse und ihre Herrchen in der Kampfarena.

1 Der Bulle hat zwar den Kampf verloren, wird jedoch wie ein Sieger behandelt, damit er nicht depressiv wird. 2 Fachsimpeln am Stadionrand. 3 Mit einem Seil durch die Nase wird jeder Bulle handzahm... 4 ...trotzdem ist der Einsatz nicht ungefährlich.

Lieferwagen und schaukeln sie den Berg hinauf zur Arena. Es sind mächtige, Furcht einflößende Tiere. Gehörnte Muskelberge mit Besorgnis erregend wachen Augen und sie können knurren wie Löwen. Sie wiegen eine Tonne und mehr und lassen sich doch von ihren Besitzern an der Leine herumführen, als wären sie eben keine Bullen, sondern brave Schoßhündchen. Einer nach dem anderen wird in die Arena geführt und wälzt sich erst einmal ausgiebig im Sand, was ziemlich albern aussieht. Aber das sei wichtig, sagen die Bullenführer, denn so bekämen die Tiere ein Gespür für das Territorium, um das sie dann später kämpfen sollen. Jeder Bulle, der bei einem Wettkampf antritt, hat eine eigene Fahne, die am Ringrand aufgepflanzt wird. Die Bullenkämpfe sind ein so genannter nationaler Schatz, der von der Regierung mit Zuschüssen unterstützt wird. An jedem Bullenkauf (ein viel versprechendes Kalb ist nicht unter 7000 Euro zu haben) ist somit auch der Steuerzahler beteiligt, auch wenn sich nur die wenigsten Steuerzahler einfallen lassen würden, anzureisen und sich das Spektakel wenigstens anzusehen. Von wenigen versprengten Touristen abgesehen ist das Bergvolk beim Bullenkampf meist unter sich.

Es ist, wie gesagt, ein urjapanischer Wettkampf, dessen Essenz in seiner feinen und vornehmen, geradezu ritterlichen Geisteshaltung zum Ausdruck kommt: Kein Bulle wird verletzt und kein Bulle gewinnt. Natürlich gibt es am Schluss einen Sieger – aber das dürfen die Bullen nicht mitbekommen, denn das würde sie sehr bekümmern, sagen ihre Herrchen.

Sie behandeln ihre Tiere mit der größten Hochachtung und reden sie an mit Titeln wie »Großer Meister«. Sie verbeugen sich vor ihnen und benehmen sich wie ihre Knechte. Das schmeichelt dem Ego der Tiere und macht sie stärker, sagen die Bullenbesitzer.

Ein Bulle als Haustier

Der 19-jährige Hirazawa Hidemasa, Student der Betriebswirt-
schaft im ersten Semester, führt seinen vierjährigen Kampf-
bullen Chuzaemon täglich an der Leine zum Training. Dazu
dient ein Baumstamm, den das Tier nach geduldigem Zu-
reden auf die Hörner zu nehmen versucht. Das stärkt die
Nackenmuskulatur. Im Stall, wo er den Rest des Tages verbringt, bekommt Chuzaemon gelegentlich Gesellschaft von
Hühnern, die zwischen seinen Beinen hin und her rennen,

was ihn auf Trab hält, denn Bullen haben Angst vor Hühnern,
sagt Hidemasa. Er bekommt jeden Tag drei Knoblauchzehen,
die seinen Kampfgeist inspirieren. Am Tag vor dem Kampf
mischt ihm sein Herrchen getrocknete Giftschlangenhäute
unters Futter, die nach allgemeiner Überzeugung seine Wild-
heit anregen. Abgesehen davon, dass er unwiderlegbar ein
Bulle ist, genießt Chuzaemon im Haushalt der Hirazawas die
Stellung eines vollwertigen Familienmitglieds und seine Launen und Sehnsüchte werden verstanden. »Wenn es ihm gut
geht, dann stößt er ein kräftiges Muuuuh hervor«, sagt Hidemasa. »Aber wenn er sich einsam fühlt, dann bringt er nur ein
leises Hmmhmm heraus ...«

Wenn zwei Bullen aufeinander losgehen, dann sorgen die Halter
dafür, dass sie sich nicht wehtun und dass keiner von beiden den
anderen sichtbar und deutlich besiegt. Denn der unterlegene
würde ja das Gesicht verlieren. Dann wäre er traurig und würde
nie wieder richtig kämpfen. Da sind die Bullen ganz menschlich.
Und außerdem würde auch der Charakter des Gewinners Schaden nehmen und er könnte anfangen, sich für etwas Besseres zu
halten. Solche Zeitgenossen – und seien es Bullen – sind in Japan
alles andere als erwünscht.

Der Kampf wird aus diesem Grund jedes Mal kurz vor dem Höhepunkt abgebrochen. Wenn der Schiedsrichter feststellt, dass einer
sich besser geschlagen hat als der andere und bevor der eine oder
der andere das auch bemerkt.

Eine hohe Kunst, die viel Erfahrung und Tierpsychologie voraus-
setzt. Und eine flinke, mutige Hand, die dem Bullen beherzt in die
Nase greift, was auch den wildesten Koloss sehr schnell wieder zur
Ruhe bringt.

Demut, Tugend, schnelle Boote
Leid und Leidenschaft

Es ist kurz vor sechs Uhr morgens an einem kühlen November-tag im Norden Kyushus, leichter Regen ist vorhergesagt, es ist noch stockdunkel – ein Wetter und eine Uhrzeit, die nicht unbedingt dazu einladen, halb nackt aus dem Bett zu springen und nach draußen zu stürmen, um sich singend mit einem nassen Handtuch abzureiben. Aber genau dies steht jeden Morgen auf dem Programm im Ausbildungszentrum des Japanischen Motorboot-Verbandes. Zuerst fährt den Schläfern knackige Marschmusik in die Knochen. Und da kommen sie auch schon den Gang heruntergerannt, 76 Jungs und elf Mädchen, zwischen 15 und 20 Jahre alt – schmächtige, aber durchtrainierte Gestalten. Raus in die Kälte, strammstehen und abzählen, abreiben und Frühgymnastik erledigen. Der Schuldirektor, Herr Osaki, schreitet mit strengem Blick die Reihen ab. Seine Uniform ist nicht das Einzige, was hier militärisch wirkt – diese Schule ist eher eine Kaserne, aber die Rekruten sollen hier nicht das Kriegshandwerk erlernen. Sie unterziehen sich vielmehr der einjährigen Ausbildung zum Motorboot-Piloten. »Wir haben genau ein Jahr Zeit, aus diesen jungen Menschen professionelle Rennbootfahrer und wertvolle Mitglieder der Gesellschaft zu machen«, sagt Herr Osaki grimmig. »Da bleibt nicht viel Zeit für Nettigkeiten.«

Ihre Ausbildung folgt getreu dem Motto »Höflichkeit und Tugend«, dem Ideal des Herrn Sasakawa Ryoichi, der das japanische Rennboot-Wesen begründete. Er war einer dieser visionären Geschäftsleute, auf deren Erfindungsreichtum, Marktgespür, politische Verbindungen und Geschick nach dem Zusammenbruch 1945 ganze Wirtschaftsimperien errichtet wurden. Dabei hat er nichts erfunden oder verkauft, sondern schlug Kapital aus der Leidenschaft seiner Landsleute für das Glücksspiel, das freilich grundsätzlich verboten ist. Aber ein paar Ausnahmen sind zugelassen: Pferderennen, Radrennen und Bootsrennen. Und unter der Hand kann man auch beim allgegenwärtigen *Pachinko*-Spiel Bargeld gewinnen, allerdings nur über den Umweg eines Tauschgeschäfts Kügelchen gegen Sachpreis, Sachpreis gegen Bargeld, damit die Sache im Rahmen der gesetzlichen Vorschriften bleibt.

Herr Sasakawa überredete, nachdem er 1948 aus dem Gefängnis entlassen wurde, in dem er drei Jahre als Kriegsverbrecher einge-

1 Das erste Training bei Tagesanbruch. **2** Immer wieder gibt es zwischen den Rennen und Übungseinheiten Ermahnungen und Lektionen. **3** Leicht geraten die flachen Nussschalen außer Kontrolle. **4** Oft ist das Rennen schon am ersten Wendepunkt entschieden.

sessen hatte, ein paar Gemeinden dazu, Bootsrennen zuzulassen und sich den Gewinn mit ihm zu teilen. Das war die Geburtsstunde des Japanischen Motorboot-Verbandes, der die landesweit 24 Rennbootstrecken mitsamt aller Wettbüros betreibt und die Fahrer einschließlich der Boote besitzt. Ein florierendes, weil konkurrenzloses Unternehmen, das jedes Jahr viele Milliarden abwirft. In Euro und Dollar berechnet, nicht in Yen. Dabei muss man dem Verband zugute halten, dass er einen Teil seiner Erlöse in gemeinnützige Unternehmungen steckt. Herr Sasakawa starb 1995 als der »reichste Faschist der Welt«, wie er sich selbst mal nannte. Er war ein glühender Bewunderer Mussolinis und ein strammer Patriot und Kaiser-Anhänger, der sich bester Beziehungen zur ebenfalls sehr kaisertreuen Unterwelt rühmte. Ein besonderes Anliegen war ihm die Erziehung der Jugend, weswegen auch heute noch die hoffnungsvollen jungen Rennboot-Piloten, die sich im Schulungszentrum in Kyushu der Ausbildung unterziehen, mit militärischem Drill und eiserner Disziplin erzogen werden. Wer das durchsteht, dem winken ziemlich stattliche Gehälter und Siegesprämien. Nach dem Weckappell und vor dem Frühstück wird zunächst die Kaserne geputzt, wozu aus den Lautsprechern beschwingte Walzerklänge erschallen. Die morgendliche Putzorgie ist eine in diesem Land weit verbreitete Charakterübung, die uns später im Zen-Kloster wieder begegnen wird. Das Putzen dient nicht nur hygienischen Zielen, sondern auch der Ausbildung eines reinen Charakters und Geistes. Alles, was sie tun, erledigen die Knaben und Mädchen im Laufschritt, wobei sie nur innehalten und Haltung annehmen, sich verbeugen und respektvoll grüßen, wenn sie einen ihrer Lehrer oder einen Vertreter des deutschen Fernsehens sehen, dem das nach einer Weile sehr peinlich ist.

Nach dem Frühstück erklingt aus Lautsprechern über dem ganzen, weitläufigen Gelände die Nationalhymne, wobei alle strammstehen müssen: »Kimi-ga yo« (Möge deine Herrschaft 1000 Jahre währen, bis Moos wächst über mächtigen Felsen, die heute noch kleine Steine sind – gemeint ist der Kaiser).

Und dann rein in die Boote und den ganzen Tag im Höllentempo, mit bis zu 80 Stundenkilometern, im Kreis fahren, wenden an den 300 Meter auseinander liegenden bunten Markierungen, die aussehen wie diese Lutscher, die wir als Kinder gerne verzehrten. Über drei Runden, 1800 Meter, geht so ein Rennen – aber richtige Spannung kommt selten auf, denn die ganze Sache ist meist schon mit der ersten Wende ausgemacht. Zwischendurch müssen die Schüler wieder antreten und strammstehen, sich von bösen Ausbildern zusammenbürsten lassen und demütig den Kopf senken und immer wieder »Hai!« schreien. Der arme zitternde Wicht, der an der ersten Wendemarke eine Karambolage verursacht hat und ins Wasser fiel, steht triefend nass auf dem Rettungsboot und verbeugt sich ins Nichts auf dem ganzen langen Weg zurück zur Startposition. Wir

wollen uns lieber nicht vorstellen, wie sein Tag weitergehen mag. Dann müssen alle Schüler ihre Motoren in alle Einzelteile zerlegen und wieder zusammenbauen. Der langsamste wird mit Nachsitzen bestraft. Nach dem Abendessen wird noch einmal für zwei Stunden Rennboottheorie gebüffelt, dann brüten sie über den Wende- und Zielfotos ihrer heutigen Runden und analysieren die Ergebnisse. Und schließlich »Freizeit«, die im Freizeitraum damit zugebracht wird, sich gemeinsam Bootsrennen im Fernsehen anzuschauen. Besuche sind nicht erlaubt. Post wird zensiert. Nichts kommt zwischen diese jungen Menschen und ihr Ziel.

Viele Japaner – und nicht nur die ewig Gestrigen – sind unerschütterlich in ihrem Glauben, dass eine solche harte, militärische Ausbildung voller Demütigungen und strenger Zucht dazu taugt, den Menschen zu verbessern, ihn zu einem wertvollen Mitglied der Gemeinschaft zu machen und zu höheren Leistungen anzuspornen. Auch wenn es, wie in diesem Fall, nur darum geht, mit einem kleinen Boot im Kreis zu fahren.

1 Wie in der Kaserne: Antreten zum Essenfassen! **2** Zuvor sind jedoch Frühsport und Flaggenappell zu absolvieren. Sie finden bei jedem Wetter statt. **3** Die Piloten hegen und pflegen ihre wertvollen Boote. **4** Nachtstudium – alle Übungsrennen werden genauestens analysiert.

Bis die Stimmbänder versagen
Jubel-Dirigenten und die Momente der Macht

Lustig ist das japanische Studentenleben. Auch und erst recht an den hoch angesehenen Eliteuniversitäten, auf deren Zulassungsprüfungen schon in den Elitekindergärten hingearbeitet wird. Verglichen mit der Knochenmühle und Prüfungshölle der Schulzeit sind die Unis selbst der reinste Erholungsbetrieb. Die vier Jahre Grundstudium sind geschenkt – wer will und sich berufen fühlt, kann noch weitermachen und höhere akademische Weihen anstreben. Aber den meisten reicht es, sich als Absolventen der Universitäten Todai, Waseda, Keio oder der Hosei ins elitäre Berufsleben zu stürzen, wobei – kleine Einschränkung – die jahrzehntelange Wirtschaftskrise auch dieses lieb gewonnene Privileg nicht mehr automatisch garantiert.

Wer die Zulassung geschafft hat, der muss sich keine großen Gedanken mehr um Zwischenprüfungen und Seminararbeiten machen, sondern sich eigentlich nur noch entscheiden, in welche Arbeitsgruppe er eintreten will. Das Angebot ist reichlich: traditionelles Kochen oder englische Konversation, Catchen, Jazz oder Bigband oder vielleicht *oen-dan*.

In diesem Fall aber ist es schnell vorbei mit dem lustigen Leben. *Oen-dan* nennt man Japans Cheerleader und wer bei diesem Wort übermütig kreischende Hüpfmädchen in kurzen Röcken vor Augen hat, der liegt nur halb richtig, denn die gibt es natürlich auch. Und es gibt auch eine Blaskapelle, die auf dem Sportplatz schmissige Weisen zur Anfeuerung des Universitäts-Teams intoniert. Der harte Kern der japanischen Cheerleader aber sind die Leader, die Führer also – und die gibt es sonst nirgendwo.

Leader sind ausnahmslos junge Männer, die nach ihrer Aufnahme in den Club nur noch in ihren steifen, schwarzen Anzügen gesichtet werden, die den Schuluniformen der japanischen Jungs nachempfunden sind. Leader fühlen sich als Bewahrer einer heiligen Tradition, die seit jenen Tagen Bestand hat, als ihre Universität gegründet wurde – in den meisten Fällen Ende des 19. Jahrhunderts – und als die Japaner erste Experimente mit dem Baseball unternahmen, der bis heute beliebtesten Sportdisziplin des Landes. Ihr größter Schatz ist die Fahne der Universität, die niemand auch nur anfassen darf und deren feierliche Enthüllung der Höhepunkt jedes ihrer Auftritte ist.

1 Nichts ist den Cheerleadern so heilig wie ihre Universitäts-Flagge. **2** Baseball ist Japans Volkssport. **3** Immer nur schreien – nie äußern sich die Leader in normaler Lautstärke. **4** Sie brüllen sich in Ekstase – bis zur Selbstaufgabe.

1 Gruppentraining vor dem Spiel. **2** Ist ein Punkt gewonnen, folgt der Siegestanz. **3** Demütigung und Unterordnung – Neulinge haben nichts zu lachen. **4** Das Publikum folgt brav den Anweisungen der Jubel-Dirigenten.

Leader verstehen sich als Gralshüter der Ehre, der Etikette und des Anstands, nicht unähnlich unseren Burschenschaften. Sie leben in einer abgeschlossenen Welt der strengen Hierarchie und eines militärischen Drills, die vom Neuling totale Unterordnung und Demut verlangt, das klaglose Ertragen von Schmerzen, Schikanen und Erniedrigungen – und die aufs Große und Ganze betrachtet noch immer das Ideal der japanischen Gesellschaft beschreibt: Nur durch Entbehrung und Entsagung kommt man zu Ansehen und Einfluss. Eine unausrottbare Hackordnung bestimmt das Leben an der japanischen Universität (und vielen anderen Einheiten): Im ersten Jahr wird man behandelt wie ein Nichts. Im zweiten Jahr wie Müll, im dritten Jahr wie ein Tier und erst im vierten Jahr wie ein Mensch. Und so haben die jüngeren Semester, die unvorsichtig genug waren, sich der *oen-dan* anzuschließen, nicht viel zu lachen. Sie müssen rennen, buckeln, dienen. Sie reden die älteren Semester in den ehrerbietigsten Formeln an, die die japanische Sprache zu bieten hat, und bekommen Befehle und Erniedrigungen zugeraunzt, als seien sie Hunde. Sie stecken Tritte und Schläge weg, die uns zu Mordphantasien und Attentatsplänen inspirieren würden, sie lassen

Volkssport Nummer eins

Nicht, wie man meinen könnte, erst nach dem Zweiten Welt-krieg und unter amerikanischer Besatzung kam der Base-ball nach Japan, sondern schon während der Meiji-Zeit (1868–1912). Die damalige Regierung war darauf erpicht, die westliche Lebensweise und die Geheimnisse ihrer vermeint-lichen Überlegenheit zu ergründen. Sie förderte diese Sportart nicht nur wegen der Körperertüchtigung, sondern auch, weil sie dem japanischen Gruppengeist entgegenkommt. Es gibt eine klare Hierarchie, jeder weiß, wo er hingehört, und das Geschehen ist überschaubar.

Professionell wird *yakyu* (Feldball) in Japan seit den dreißiger Jahren gespielt, zum Volkssport wurde es dann mit der Aus-breitung des Fernsehens in den fünfziger Jahren. Heute hat Baseball als beliebteste Sportart längst das Sumo-Ringen hin-ter sich gelassen und ist nicht gefährdet, jemals vom Fußball überholt zu werden. Bei den Einschaltquoten, der Bericht-erstattung der Zeitungen und den Besucherzahlen der Stadien – überall liegt Baseball vorn. Die erfolgreichen Spieler sind die Helden der Kinder, die am Wochenende mit ihren Vätern in Baseball-Uniformen die Spielplätze bevölkern. Baseballprofis sind auch die höchstbezahlten Werbeträger Japans.

Der größte Ruhm und die größte Ehre aber ist für die Spieler reserviert, die es geschafft haben, das Mutterland des Base-balls zu erobern und in der amerikanischen Major League mit-zuspielen: derzeit Matsui Hideki (New York Yankees) und Suzuki Ichiro (Seattle Mariners). Ihre Spiele werden stets live übertragen und sie sind mehrmals wöchentlich Top-Thema der wichtigsten Nachrichtensendungen.

Besonders seit keiner mehr so richtig Angst vor der japani-schen Wirtschaftsmacht hat, sind beide Spieler wichtige Hoff-nungsträger für ein Land, das gerade von Amerika wenigs-tens respektiert werden will.

sich alles gefallen – wissend, dass, wenn sie nur durchhalten (*gam-baru*), sie eines Tages selbst in der Lage sein werden, auszuteilen.

Vor jedem Spiel einer Universitätsmannschaft, besonders im Früh-jahr zum Turnier der sechs Tokyoter Eliteuniversitäten, sieht man die Leader irgendwo in der Nähe des Stadions üben. Jedenfalls die Unterlinge. Sie werden gehetzt und geschunden, dass einem das Herz brechen will. Sie müssen 100 Mal hin- und herrennen in ihren schwarzen Hosen und schwarzen Stiefeln, müssen sich vor dem Anführer verbeugen und seine ätzende Kritik ertragen. Der schaut die Nichtswürdigen dabei nicht einmal an, steht nur mit ver-schränkten Armen desinteressiert herum und brüllt Unleidliches. »Nicht zackig genug, nicht synchron, nicht schnell genug, nicht laut genug.«

Und schon wieder geht alles von vorne los. Die Uni-Hymne schep-pert aus den zerschundenen Kehlen, denn sie dürfen nicht in nor-maler Lautstärke reden, sondern müssen immer nur schreien. Sie reißen die Arme auseinander in einer festgelegten Choreographie, die Bewegungen aus Karate und Kabuki benutzen und vage an einen Flughafenlotsen erinnern, der eine anrollende Maschine in die Park-position dirigiert. Und sie verkörpern dabei das ideale Bild des fanatischen und leicht sonderbaren Japaners, das bei uns gerne kol-portiert wird. Dabei sind sie auch in Japan als Exoten verschrien und werden nur einmal im Jahr nicht belächelt, nämlich wenn sie zu

ihrer großen *Oen-dan*-Show auf die Bühne kommen und das Publi-kum tatsächlich mitreißen.

Auch bei sengender Hitze und in strömendem Regen werden die jungen Männer von ihren Anführern bis aufs Blut geschunden. »Manchmal werden die Neulinge dabei auch ohnmächtig«, sagt der Anführer der Leader. »Aber das macht nichts. Das sind die Momente, an die man sich hinterher gerne erinnert.«

Denn das Leader-Dasein hat auch seine Freuden. Im Stadion zu stehen und den Jubel von hunderten, vielleicht tausenden Fans zu kontrollieren, die sich den Vorgaben und dem Rhythmus der Cheerleader bereitwillig fügen, denn spontane Kreisch- und Jubel-ausbrüche sind des japanischen Sportfans Sache nicht. Wenn der rhythmische Klang der großen Pauken und die Fanfaren der Blaska-pelle die Menge anfeuern und die Anführer ihren Kriegstanz dar-bieten und alle zusehen und mitmachen – das sind Momente der Macht, die man nie vergisst.

Und für die spätere Jobsuche ist es nur nützlich, wenn man die Mit-gliedschaft in einer *oen-dan* vorweisen kann. Dann werden die potenziellen Arbeitgeber sofort aufmerksam, denn sie wissen: Wer durch diese Hölle gegangen ist, den kann nichts mehr erschrecken. Und der versteht sich gewiss auch auf Menschenführung. Jedenfalls jener, die in Japan immer noch gerne ausgeübt wird. Und er hat auch gelernt, sehr laut zu schreien – was aufs Gleiche hinausläuft ...

Fußball ohne Tor und Abseits
Heilige Spielfreude beim Kemari

Der Shiramine-Schrein in Kyoto war im 12. Jahrhundert die Adresse der Familie Asukai, die sich als Dichter und als Könner in der Disziplin des höfischen Fußballs, des *kemari*, besonders hervortat. Als der Geist Seidaimyojin, Schutzpatron der Ballspiele und darstellenden Künste, einen der alten Asukais sah, als dieser gerade den Ball 1000 Mal lüpfte, schlug der Geist ihm vor, ihn und seine Familie zu beschützen, wenn er seine Energien weiter auf das Ballspiel konzentriere. Aus diesem ersten bekannten Fall des Sport-Sponsorings ging die lange Tradition des *kemari* hervor, eines ebenso geheimnisvollen wie urjapanischen Sports. Urjapanisch insofern, als dass es erstens vermieden wird, die Teilnehmer am Ende des Spiels in Sieger und Verlierer einzuteilen. Und zweitens weil ein auch noch so geschickter Spieler in der Hierarchie der Mannschaft nicht aufsteigen kann, solange er nicht an der Reihe ist. Auch Leistung und Talent sind in Japan immer dem Senioritätsprinzip unterworfen.

Heute wird das *kemari*, das manchen Phantasiebegabten als Vorläufer des Fußballs gilt, landesweit von nur noch 30 Enthusiasten betrieben, die sich zehnmal im Jahr an bestimmten Feiertagen zu einem Match treffen, und einmal eben auch am Shiramine-Tempel, um dem Ballgeist zu huldigen.

Das Anlegen der prachtvollen Kostüme und der schwarzen Holzpantinen, Spezialanfertigungen aus dem 13. Jahrhundert, ist ein Ritual für sich. Die Farben der Kostüme geben Auskunft über den Rang eines Spielers. Insgesamt, so erklärt Spielführer Onishi Yasuyoshi, der leuchtendes Rosa trägt, gibt es 60 Ränge und jeder einzelne muss durch den Erwerb eines Zertifikats erkauft werden – wobei in alter Zeit vor allem das Kaiserhaus verdiente, denn das stellte die Zertifikate aus und freute sich jedes Mal über die Gebühreneinnahmen.

Raffinesse bis ins Detail und ein strenges und unverrückbares Tableau traditioneller Regeln und stilisierter Abläufe, einige davon auf den ersten Blick eher umständlich und zu nichts anderem nütze als Autoritäten und Hierarchien zu bestätigen – das ist eine japanische Leidenschaft auch außerhalb des Fußballfeldes. Dieses Prinzip heißt *kata* und bezeichnet die festgelegte und keinesfalls in Frage zu stellende Form, nach der eine Sache ablaufen muss, weil das nun

1 Klassische Tempeltänze bilden das Rahmenprogramm. **2** Der Shiramine-Schrein in Kyoto. **3** Umständlich werden die kostbaren Spielgewänder angelegt. **4** Mit allerhöchstem Respekt wird der Ball behandelt – bis man ihn tritt.

1 Anstoß – ein Schiedsrichter wird nicht gebraucht, denn es gibt keinen Sieger. 2 Die Herren kicken sich den Ball zu und rufen dabei die Götter an. 3 Vor dem Match werden Spieler und Bälle gesegnet. 4 Streng ist die Hierarchie – jede Spielerstufe hat ihre eigene Farbe.

mal so ist und weil das immer so war und es findet seine Höhepunkte in der Teezeremonie oder in diversen Behördengängen. Der Mittelpunkt des *Kemari*-Spiels, zumindest das hat es mit vielen anderen und uns bekannten Ballspielen gemeinsam, ist der Ball. In diesem Fall ein nur 120 Gramm schweres Kunstwerk aus Hirsch- und Pferdeleder. Aus weichem Hirschleder sind die beiden Seitenteile, die in der Mitte mit einem Band aus elastischem Pferdeleder vernäht sind. Der Ball, den man mit allerhöchster Wertschätzung behandelt, wird, wenn man ihn nicht gerade tritt, in Holzkästen herumgetragen und darf beim Spiel nur mit dem rechten Fuß berührt werden und auch nur am ausgestreckten Bein. Nachdem die Teilnehmer in einer Shinto-Zeremonie dem Ballgott gehuldigt, für Frieden und eine gute Ernte gebetet haben und nachdem eine Vorführung höfischer Tänze im Pavillon zu Ende gegangen ist, nehmen die Spieler einer nach dem anderen ihre Positionen auf dem von vier Bäumen eingefaßten Spielfeld ein. Herr Onishi trägt den heili-

gen Ball in unendlich langsamen Schritten zur Mitte des Spielfeldes. Dann der Anstoß: zwei-, dreimal fliegt das runde Hirschleder von einem Spieler zum anderen, die während des Spiels in lang gezogenen Rufen die Götter beschwören. Dann fällt der Ball hin, wird wie-

Musik einer anderen Zeit

Die *sho*, die unter anderem auch im Vorprogramm des *kemari* erklingt, ist die Mundorgel der japanischen höfischen Musik und besteht aus einem tassenförmigen Klangkörper, in den 17 Pfeifen münden, von denen zwei stumm sind (es gibt sicherlich mal einen Japanologen, der dies erklären kann und eine ausführliche Arbeit darüber schreibt). Man erreicht durch Aus- und Einatmen einen kontinuierlichen, mehrstimmigen Klang, der so urtümlich und für unsere Ohren fremdartig ist,

dass ich jedes Mal eine feierliche Gänsehaut bekomme, weil er mich anwandelt wie ein Ruf aus einer anderen Zeit.

Das Repertoire der Hofmusik reicht zurück bis in die chinesische T'ang-Dynastie (618–907) und weist auch indische und zentralasiatische Einflüsse auf. Neben der *sho* gehören noch eine oboenähnliche Pfeife mit durchdringendem Schrei und drei Arten von Flöten zur Ausstattung des Kammerorchesters. Zudem ein oder mehrere Saiteninstrumente und Trommeln, auf die die Trommler nach einem Rhythmus, den nur sie selbst kennen, einwirken. Die Musik ist langsam und getragen und keineswegs sonderlich eingängig.

der aufgehoben und eine neue Runde beginnt. Nach einer guten Viertelstunde und auf ein geheimes Zeichen hin kommen die Spieler irgendwie überein, dass es jetzt genug ist und ziehen sich so ehrfurchtsvoll und würdig vom Spielfeld zurück, wie sie es betreten haben.

Japan sucht den Superstar
Die Sehnsucht nach Anerkennung

Die vorangegangenen Kapitel zeigen: Unübertroffen sind die Japaner in ihrer Liebe zum Wettkampf und in ihrem schier grenzenlosen Erfindungsreichtum, wenn es darum geht, neue, möglichst unterhaltsame oder bizarre Disziplinen aufzustellen, in denen es den Teilnehmern gestattet wird, ihre Kräfte und ihre Geschicklichkeit zu messen.

Das verwundert nicht weiter, denn ein Großteil ihrer Kindheit und Jugend wird geprägt von Zulassungsprüfungen für Kindergärten, Schulen und Universitäten. Und wem das Konkurrenzdenken nicht irgendwann in Fleisch und Blut übergegangen ist, der ist auf dem besten Weg zum Sonderling. Sich zu bewähren und sich vor allen anderen auszuzeichnen, sich durch herausragende Leistung Anerkennung und Respekt zu verschaffen ist vielen Japanern ein dringendes Bedürfnis. Es werden wohl in keinem anderen Land der Welt mehr Urkunden ausgestellt und mehr Pokale überreicht (und mehr Urkunden an Wohnzimmerwänden und mehr Pokale in Schränken zur Schau gestellt) als in diesem, um genau das zu beweisen und den Träger der Auszeichnung darin zu bestätigen, dass er etwas Besonderes ist. Und das, obwohl wir doch immer wieder das alte und in Bezug auf die japanische Gesellschaft häufig zitierte Sprichwort von dem hervorstehenden Nagel hören, der notwendigerweise eingehämmert wird, damit er genauso angepasst ist wie alle anderen. Wobei das kein Widerspruch sein muss, denn gerade dadurch, dass sich die Japaner ihre Wettbewerbe schaffen, öffnen sie ein unkonventionelles, aber funktionierendes Ventil für ihre Talente und Sehnsüchte.

Um die zu befriedigen, gibt es in diesem Land neben den auch uns bekannten sportlichen oder künstlerischen Disziplinen – vom Fotowettbewerb bis zum Gesellschaftstanz – eine unübersehbare Vielzahl von Wettbewerben. Ess-Wettbewerbe und Schrei-Wettbewerbe, Kampfroboter-Wettbewerbe, Verpackungs- oder Schneeschaufel-Wettbewerbe, Rehfutter-Weitwurf-Wettbewerbe und Haarwuchs-Wettbewerbe und wer da mangels Rohstoff nicht mehr mitmachen kann, für den gibt es Glatzenglanz-Wettbewerbe. Es gibt Gedicht-, Kalligraphie- und Englisch-Wettbewerbe, es gibt einen Welches-Haustier-sieht-seinem-Besitzer-am-ähnlichsten-Wettbewerb und so weiter. Irgendwas kann schließlich jeder

1 Gut gezielt ist halb getroffen – Schneeball-WM in Hokkaido. **2** Eat-Beef-Shout-Loud-Wettbewerb in Kyushu – der größte Schreihals gewinnt. **3** Kreisch-Sumo – schon Kleinkinder brüllen mit. **4** Moderner Gesellschaftstanz – eine Passion vieler Japaner.

1 Den Gegner treffen und nicht getroffen werden – eiserne Grundregeln des Schneeballturniers. **2** Rütteln und schütteln, bis endlich Tränen kommen. Zwicken ist verboten. **3** Hilfreich sind die Eis-Barrikaden, die auf dem Spielfeld stehen. **4** Beim Roboter-Wettbewerb lassen die Nachwuchs-Konstrukteure Phantasiemonster gegeneinander antreten.

besonders gut oder besser als andere und er wird ermuntert, das auch zu zeigen. Dies nur als gedankliche Anregung für all diejenigen, die immer behaupten, die Japaner verstünden nichts von Individualität, fühlten sich in der anonymen, homogenen Masse am wohlsten und hassten es, sich durch irgendetwas hervorzutun. Man sollte nie vergessen, dass Karaoke in Japan erfunden wurde, und keinem Volk, das zu solchen Erfindungen in der Lage ist, kann im Grunde an Anonymität und Untergehen in der gesichtslosen Masse oder Gruppe gelegen sein. Die Gruppe bietet zwar Schutz und Geborgenheit – aber zumindest spielerisch kann man sie jederzeit verlassen.

Ein besonders sehenswertes und originelles Turnier wird im Januar jeden Jahres in der tief verschneiten Waldlandschaft der nördlichen Insel Hokkaido ausgetragen und zwar im Städtchen Sobetsu und im Schatten eines kleinen, aufgeregt qualmenden Vulkans, des Showa-Shinzan, der 1943 unverhofft mitten in einem Gemüsefeld erschien.

Naki-zumo: Der erste Schrei gewinnt

Fast so alt oder ebenso alt wie der Sport des Sumo selbst ist das *naki-zumo*, der Kreischwettbewerb, der landesweit an vielen Schreinen ausgetragen wird, denn wie das Sumo ist auch das *naki-zumo* ein tief in den religiösen Traditionen verwurzelter Kampf. Dazu bringen die stolzen Eltern ihre im vergangenen Jahr geborenen Kinder und übergeben sie an übergewichtige Fremdlinge, was bei dem überaus mutterfixierten Nachwuchs meist dazu führt, dass er anfängt zu schreien. Gut so, denn ein altes japanisches Sprichwort

besagt, dass nur ein schreiendes Kind ein gesundes Kind ist. Wer zuerst in Tränen ausbricht, hat deswegen gewonnen. Am Sensoji-Tempel im Tokyoter Bezirk Asakusa werden die lieben Kleinen jedes Jahr am letzten Sonntag im April in die wuchtigen Hände leibhaftiger Sumo-Ringer – streng genommen sind es Mitglieder des Sumo-Arbeitskreises der Universität Tokyo – übergeben, die sie hochheben, schütteln und herumschwenken, um das gewünschte Ergebnis zu erzielen. Aber das klappt nicht bei allen. Wenn nach 60 Sekunden noch keines der beiden rivalisierenden Kinder schreit, so will es die Regel, dann eilen die würdig gewandeten Ringrichter herbei und erschrecken die Kinder mit Teufelsmasken. Diesen beugt sich auch der härteste Knochen. Das wirft freilich die Frage auf, ob sie nicht fürchten, die Kinder für ihr Leben zu traumatisieren. »Bestimmt nicht«, sagt einer der Kindererschrecker. »Keiner hat heute mehr Angst vor den alten japanischen Teufeln. Die Kleinen sind doch aus dem Fernsehen viel Schlimmeres gewohnt.« Sehr wohl aber bereitet es sie auf ein Leben vor, in dem Wettbewerbe gewonnen werden wollen und damit kann man offenbar gar nicht früh genug anfangen.

Jede Mannschaft bei der Internationalen Schneeball-Meisterschaft hat 90 fest gepresste Schneebälle zur Verfügung, mit der sie während der dreiminütigen Spieldauer versuchen muss, möglichst viele Spieler der gegnerischen Mannschaft abzuschießen und dabei gleichzeitig wenige Treffer einzustecken. Die Gegener verstecken sich hinter Schutzwällen und feuern dagegen und versuchen ihrerseits, nicht getroffen zu werden. Aber darauf kommt es eigentlich gar nicht an. Wichtig ist, dass sich alle gut amüsieren und am Ende ein strahlender Gewinner einen Pokal und eine Urkunde für Wohnzimmerwand und Schrank bekommt.

Jederzeit was zum Staunen
Japans Jahreszeiten

Japans Klima ist, von einigen bösen Taifunen abgesehen, gemäßigt und dank der enormen Ausdehnung des Landes höchst abwechslungsreich. Vom nördlichsten Punkt Hokkaidos bis auf die südlichen Ryukyu-Inseln erstreckt sich das Land über zahlreiche Klimazonen – auf die europäische Landkarte projiziert reicht Japan von den Alpen bis in die südliche Sahara. Tokyo liegt auf der Höhe von Tunis und Sapporo auf der Höhe von Rom.

Der dem Festland zugewandte Teil der Inseln versinkt im Winter unter drei bis vier Metern Schnee, den die eisige Luft aus Sibirien bringt. Die lädt sich über dem Japanmeer ordentlich mit Feuchtigkeit auf und schüttet ihre Fracht an den Hängen der japanischen Alpen aus. Nur zwei Autostunden entfernt und hinter den Bergen in Tokyo fällt hingegen selten eine Flocke. Hier sind die Wintertage knochentrocken bei strahlend blauem Himmel und Temperaturen, die selten unter null fallen. Dann kommt der Frühling mit einer explosionsartigen Macht und Pracht, um leider viel zu schnell der dumpfen Regenzeit zu weichen, die wiederum von einem erdrückend schwülen Sommer abgelöst wird, der seinerseits in der Taifunsaison im September langsam abklingt. Das heißt freilich nicht, dass der erste, vorwitzige Tropensturm nicht auch schon im Mai mit Regenmassen und Sturmböen nach Norden ziehen kann. Japaner sind im Grunde ihres Herzens ein Naturvolk und ihre Jahreszeiten sind unverwechselbar, klar voneinander zu unterscheiden und jede hat ihren eigenen, besonderen Zauber, den die Dichter besangen, seit sie schreiben lernten, und der die Maler und Holzschnitt-Künstler mehr bewegte als jedes andere Motiv. Japaner geben viel auf das bewusste Erleben von Frühling, Sommer, Herbst und Winter – jede Jahreszeit hat ihre eigenen Motive, Speisen, Pflanzen, Gerüche und Kleidung, ihre eigenen Feste und Vergnügungen und ihre eigenen Farben. Nicht nur das Auftauchen besonderer, an die jeweilige Jahreszeit gebundener Speisen, sondern auch die feste Abfolge der Blüten sind Ereignisse von nationalem Rang. Keine Tageszeitung, die nicht regelmäßig ihre Leser auf dem Laufenden hält, wo jene und wo diese Blumen gerade am schönsten sind, und auch die Fernsehnachrichten entlassen ihre Zuschauer selten ohne Bilder aus der Natur. Zuerst ist es die Pflaumenblüte, die die Menschen beglückt, und wenig später die Kirschblüte. Sie verdient

1 Bezaubernd ist die Farbenpracht der japanischen Herbstwälder.
2 Frühlingsgefühle – die Pflaumen machen den Anfang im Blütenreigen.
3 Die »Sakura-Front« wandert von Süd nach Nord. 4 Ruderpartie auf dem Kirschblütenmeer – im Burggraben des Kaiserpalastes.

höchste Aufmerksamkeit, ihr langsames Vorrücken von Kyushu, wo sie im späten März eintrifft, bis nach Hokkaido, das sie erst Mitte Mai erreicht, ist Thema jedes Wetterberichts, denn daran ist die wichtige Entscheidung gebunden, wann es in diesem Jahr Zeit wird für das *hanami*.

Ab September dringen die kalten Luftmassen, die sich den Sommer über im Norden versteckt hielten, schrittweise über den lang gezogenen Archipel nach Süden vor und verwandeln die Wälder in atemberaubende Kunstwerke.

Es sind vor allem die *momiji,* die rot glühenden Ahornbäume, oder das gelbe Laub der Gingko-Bäume, die die Farben setzen. Nirgends ist Japans Herbst schöner und feierlicher als in Kyoto mit seinen gut 2000 Klöstern und Tempeln. Wenn das Novemberlaub die Pavillons und Gebetshallen umgibt, Farbtupfer in die Gärten der Teehäuser zaubert und Wanderpfade durch die umliegenden Berge in einen roten Teppich aus Laub verwandelt, dann überwältigt uns wieder wie schon bei der Kirschblüte dieses erhabene Gefühl von Vergänglichkeit. Von Schönheit, die nicht von Dauer sein darf.

Hanami oder die Kürze des Lebens

Hanami heißt »Blütenschau« und geht der Überlieferung nach auf eine Kirschblütenparty zurück, zu welcher der Feldherr Toyotomi Hideyoshi 1598 seine Freunde und Waffenbrüder einlud, um unter den rosa blühenden Zweigen beim Verfassen schöner Gedichte und mit reichlich Sake die Tatsache zu feiern, dass es ihm gelungen war, das ganze Land zu erobern. Heute braucht niemand mehr einen besonderen Anlass, um in den Parks die blauen Plastikplanen auszubreiten, palettenweise Bier, Sake und Imbisse auszupacken und sich diesem

höchsten Genuss des Frühlings hinzugeben. Bereits am frühen Morgen erscheinen die ersten Besucher, die von ihrer Firma oder Universität vorgeschickt wurden, um den Platz zu reservieren. Gegen Mittag hat sich das Gelände gefüllt und am Nachmittag ist kaum noch ein Durchkommen. Bis in die späten Nachtstunden, wenn die angestrahlten Blüten ihren romantischsten Glanz zeigen, sitzen die Ausflügler zusammen. Zum Beispiel in Tokyos *Hanami*-Zentren, dem mit 626 000 Quadratmetern größten Park der Stadt in Ueno, in dem 1100 Kirschbäume blühen, oder im Shinjuku Gyoen, der sogar 1500 Kirschbäume vorzuweisen hat und zwar 75 verschiedene Arten davon.

Hunderttausende hocken da in fröhlicher Picknicklaune beisammen, musizieren und albern herum, schauen andächtig nach oben oder schlafen ihren Rausch aus.

Kirschblüten werden von alters her vor allem wegen ihrer vergänglichen Schönheit verehrt: Sie sind die idealisierte Kurzversion des irdischen Daseins, das unweigerlich damit endet, dass eine frische Brise uns jäh vom Baum des Lebens reißt.

Zu keiner Zeit ist Kyoto auch überlaufener und wer nicht schon Monate im Voraus gebucht hat, der wird gar keine Unterkunft finden. Die Hotels, wie übrigens auch die Zeitungen und das Fernsehen, beobachten genau den jeweiligen Rötungsgrad der verschiedenen Tempelanlagen und bringen die Herbstlaub-Touristen stets auf den neuesten Stand.

1 Mitte November hat das bunte Herbstlaub die alte Kaiserhauptstadt Kyoto erreicht. **2** Sibirische Winde werfen ihre Schneelast über der Westküste Japans ab. **3** Im April wandelt Japan unter Blütenwolken.

Japans Blumen – Die Kamelien (1, 5, 9) versüßen den Winter, nach der Kirschblüte kommen die Azaleen (7), danach und mit der Regenzeit die Hortensien (3) und schon ist es wieder Zeit für den Hibiskus (2) und die Lilien (4, 6) z.B. im Meiji-Garten (8) und gleich nebenan die wilden Blumen im Yoyogi-Park (10), bevor der Herbst die Cosmea erblühen lässt (11) und so weiter. – Japan ist ein Land der Blumen.

Zwischen Gestern und Morgen

Während die Mickymausierung des japanischen Alltags – dem Fachmann auch bekannt als die »Hello-Kittysierung« – zwar äußerlich weiter voranschreitet, zeigt sich Japan doch immer wieder als Bollwerk seiner selbst, tief befasst mit seinen Traditionen und alten Gebräuchen.

Von Tradition und Neugierde
Die moderne Japan AG

Ein hartnäckiges und nicht zuletzt von den Japanern selbst gepflegtes Vorurteil ist das der sprichwörtlichen japanischen Arbeitswut und immer wieder finden die zahlreichen Fälle von *karooshi,* Tod durch Überarbeitung, ihren Weg in unsere Presse und lassen uns erschauern. Doch das nicht immer zu Recht. Ja, die Japaner arbeiten mehr Stunden als wir, verdienen aber übrigens auch mehr, und ja, sie haben weniger Urlaub als wir, im Durchschnitt 15 Tage, die sie bekanntermaßen noch nicht einmal ganz nehmen. Aber selten rechnet jemand die Zahl der nationalen Feiertage dazu – vier mehr als bei uns. Niemand weist darauf hin, dass praktisch die ersten fünf Tage eines neuen Jahres wie selbstverständlich als arbeitsfrei angesehen werden, dass Ende April, Anfang Mai während der »Goldenen Woche« (mit drei Feiertagen) ganze Werke schließen, dass rund um den 15. August, dem buddhistischen Ahnenfest *o-bon* oder auch zur Kirschblüte oder wenn in der Gemeinde ein *matsuri* ansteht, sehr großzügig mit den Dienst- und Arbeitszeiten umgegangen wird. Es muss also, für den Aufstieg dieses Landes zur Wirtschaftsmacht noch andere Gründe geben als die fast fanatische Arbeitswut seiner Einwohner.

Obwohl Japans ökonomischer Glanz ja zwischenzeitlich eher verblasst ist. Für seine halsbrecherischen Exzesse in den Zeiten der »Bubble«, der Seifenblasenwirtschaft, ist Japan mit einer langen und bitteren Rezession bestraft worden. Banken brachen zusammen, Firmen gingen Pleite und selbst die großen Konzerne mussten Mitarbeiter entlassen. Schulden überstiegen Guthaben um ein Vielfaches, und der Rest der Welt, der gerade noch voller Ehrfurcht und Sorge über die Einführung japanischer Management-Konzepte nachdachte, stellte erleichtert fest, dass in der Japan AG am Ende doch auch nur mit Wasser gekocht wurde. Plötzlich hatte das einstige Musterland mit Arbeitslosigkeit fertig zu werden, in den Parks der Großstädte begannen Zeltsiedlungen der Obdachlosen zu wachsen und die Kriminalitätsrate stieg. Japan war nun nicht mehr die Insel der Seligen. Und obwohl es immer noch die zweitgrößte Wirtschaftsmacht der Welt ist, verschwindet es zusehends im Schatten des aufstrebenden China.

Es wird sich also neu erfinden müssen, wobei ich keinen Zweifel daran habe, dass ihm dies auch gelingt. Nach den schmerzhaften

1 Nachbarn in Tokyo: der Meiji-Schrein und das Hochhaus von NTT Docomo. 2 Ein Teegarten in Kamakura. 3 Klare Linien, sparsame Farbtupfer – die Ästhetik der Bescheidenheit. 4 Autobauer im Aufwind – die Toyota-Fabrik in der gleichnamigen Stadt bei Nagoya.

Kurskorrekturen stehen zum Beispiel die meisten seiner Autobauer am Anfang des neuen Jahrtausends besser da denn je und verbuchen Rekordgewinne.

Ich erkläre mir das mit der Neugierde und der Bereitschaft der Japaner, Ungewohntes und Fremdes schnell zu analysieren, Nützliches und Hilfreiches sofort zu übernehmen und sich zu Eigen zu machen. Sie haben nicht die geringste Scheu vor Neuerungen, vor allem nicht vor technischen Neuerungen. Sie träumen stets von neuen Erfindungen, Robotern vor allem, und umarmen den Fortschritt, während bei uns noch lange überlegt werden muss, wie sich das mit unseren gewohnten Arbeitszeiten und den geltenden Normen der Europäischen Union verträgt, ob das nicht schädlich ist und ob dadurch nicht langfristig die Brutplätze der Rebhühner gefährdet sind. Japan ist einfach schneller und konsequenter und wenn nötig auch brutaler. Und dank seiner auf Konsensfindung beruhenden Kultur ist gewährleistet, dass die meisten, wenn einmal eine strukturelle Entscheidung getroffen ist, auch in diese Richtung mitmarschieren.

Japan schöpft seine Kraft, auch seine wirtschaftliche Kraft viel mehr als wir aus der Tradition, weil es seine Tradition nicht als überkommen, unmodern und ausgemustert ansieht, sondern als lebendigen

Teil des Alltags. Das Alte wird nicht zur Seite geschoben und überrollt, sondern existiert weiter.

Nehmen wir als Beispiel nur den Fischfang und den Reisanbau, zwei Säulen der Ernährung, die im Großen und Ganzen noch heute so funktionieren wie immer: in Familienbetrieben und klei-

nen Kooperativen. Oder das traditionelle Handwerk – gut vorstellbar, dass Sie beim Spaziergang durch den Osten Tokyos neben dem grell erleuchteten 24-Stunden-Laden einen alten Drachenmacher finden, der sein Handwerk vom Vater erlernt hat und dessen Laden sich immer noch irgendwie hält.

Japans wahrscheinlich wichtigste Tradition aber ist die, dass es absolut offen ist für Impulse und Anstöße von außen. Es gibt wohl kein Volk, das so begeistert und willens ist, wenn es darum geht, fremdländische Einflüsse anzunehmen und damit zu experimentieren. Ob das nun Bauchtanz ist, die französische Küche oder die Blasinstrumente der australischen Ureinwohner. In unserer unmittelbaren Nachbarschaft in Tokyo gibt es: einen Laden mit türkischen Teppichen, ein alteingesessenes Fachgeschäft mit einer spektakulären Auswahl an Spazierstöcken, einen Importeur ausgedienter amerikanischer Zapfsäulen, Kaugummiautomaten und »Budweiser«-Leuchtreklamen, einen dänischen Bäcker und ein Hongkonger Nudelrestaurant, einen Laden, der bis unter das Dach voll gestopft ist mit Modell-Panzern und Flugzeugen aus dem Zweiten Weltkrieg zum Selberbasteln (der Laden heißt übrigens »German Hobby«, weil wir Deutschen in der Vorstellung vieler Japaner noch immer für Militarismus aller Art herhalten), einen Metzger, dessen Bier-

1 Familienbetriebe ernähren das Land – wie diese Fischer in der Wakasa-Bucht ... 2 ... und die Reisbauern bei der Ernte in Kyushu. 3 Neujahrsparade der Bogenschützen am Meiji-Schrein, Tokyo. 4 Sonntag im Park: Lehrstunde am australischen Didgeridoo. 5 Faszination Zukunftstechnik: Japaner haben keine Angst vor Robotern. 6 Das Klischee vom arbeitswütigen Japaner trifft nicht immer zu. 7 Campingplatz der Ausgestoßenen: Die Obdachlosen wohnen in Zelten im Park.

schinken und Leberkäse (die heißen auch auf Japanisch so) uns die Glückstränen in die Augen treiben und einen Pralinenbäcker namens »Musée de Chocolat«, der die himmlischsten Pralinen, Teilchen und Törtchen verkauft.

Grundfalsch liegt trotzdem derjenige, der meint und behauptet, Japan sei total verwestlicht. Ich glaube im Gegenteil, dass dieses Land weitgehend globalisierungsresistent ist, weil die Globalisierung in Japan schon vor 100 Jahren begonnen hat und zwar nicht weil multinationale Konzerne sie betrieben hätten, sondern weil die Menschen hier immer hungrig, neugierig und bereit waren für das, was andere Kulturen und Länder ihnen zur Bereicherung ihres Lebens bieten konnten.

Wobei das nicht zu bedeuten hat, dass die Japaner gerne Zuwanderer und Ausländer bei sich haben, im Gegenteil. Sie wollen lieber unter sich bleiben. Der Anteil von zwei Millionen ausgewiesenen Nicht-Japanern in diesem Land mit 127 Millionen Einwohnern ist lächerlich gering. Und von den zwei Millionen Ausländern sind die meisten Koreaner, die schon seit Generationen hier leben und trotzdem nicht eingebürgert werden. Von politischer Seite gibt es auch keine Bemühungen, den Ausländeranteil zu vergrößern. Obwohl es demographisch gesehen nicht nur empfehlenswert, sondern geboten wäre.

Aber die Neugierde ist da, die Bereitschaft und die Sehnsucht nach Fremdem, das sie aufnehmen und ihren eigenen Bedürfnissen unterordnen. So ging das schon mit dem Buddhismus und der chinesischen Schrift, der westlichen Architektur und Literatur und dem Hamburger. Aber: Wenn das Fremde erfolgreich sein will und von Bestand, dann muss es sich den japanischen Regeln und Bedürfnissen anpassen – also gegebenenfalls ein *Teriyaki*-Burger werden – oder es wird untergehen.

1 Altes Handwerk bleibt erhalten – ein Drachenmacher. **2** Das Erkennungszeichen der *yakuza*, der japanischen Mafia, sind die Tätowierungen.

Werbung von Mensch zu Mensch

Ihre spektakulärsten Erfolge verdankt die japanische Wirtschaft ihrer hoch entwickelten Werbekultur. Es gibt kaum ein freies Fleckchen an den Fassaden der Geschäftsbezirke oder in den U-Bahnen, das nicht als Werbefläche für Leuchtrekla-

men und bunte Fähnchen und Plakate dient. Ungeheuer ist die Vielzahl der neuen Produkte, mit denen der Markt überschwemmt wird – allein das Angebot der Erfrischungsgetränke-Industrie, von Pfirsich-Karotten-Saft bis Designerwasser ist überwältigend! Folglich haben die japanischen Konsumenten aus Selbstschutz oder Überdruss längst aufgehört, die grellste Werbung auch nur wahrzunehmen. Das ist der Moment, in dem der Einzelhandel und die Vergnügungsindustrie zum Megaphon greifen, freundliche, aber penetrante junge Leute auf die Straße schicken, die Päckchen mit Papiertaschentüchern oder Coupons verteilen, oder menschliche Litfaßsäulen in die Schlacht werfen mit dem nahezu unmöglichen Auftrag, Aufmerksamkeit zu erregen. An Bewerbern für solche Arbeiten besteht übrigens kein Mangel: Ein beachtlicher Teil der japanischen Jugend verbummelt seine besten Jahre als so genannte *freeter* und hangelt sich von einem Gelegenheitsjob zum nächsten.

Auf den Spuren der Vorväter
Das Reiterfest in Soma und die allerletzten Samurai

Einmal im Jahr, Ende Juli, spüren die Frauen im Städtchen Soma, Präfektur Fukushima, wie eine merkwürdige Veränderung in ihren Männern vorgeht. Sie werden plötzlich strenger, entschlossener – irgendwie männlicher. Denn es nähert sich der Tag des *soma nomaoi*, des großen Reiterfestes, bei dem die bis heute verehrte Kriegerklasse des feudalen Japans, die Samurai, für ein Wochenende wiederaufersteht.

Das bergige Fukushima war im Mittelalter ein kriegerisches Land. Verfeindete Nachbarclans bekämpften sich bis auf's Messer, die Herren von Soma und die Herren von Date. Und sie nahmen zu diesem Behufe tausende Krieger in ihre Dienste, weswegen in dieser Gegend 300 Kilometer nordöstlich von Tokyo die Wahrscheinlichkeit, einen Samurai-Nachfahren zu treffen, höher ist als sonst irgendwo in Japan.

Ohne dass man dies freilich gleich merken würde – sie sind heute Verwaltungsangestellte und Busfahrer, Krämer, Handwerker, Juweliere. Aber einmal im Jahr, Ende Juli, zum »Fest der wilden Pferde«, dem *soma nomaoi*, holen sie Ihre Rüstungen und Banner aus dem Schrank, die meist seit Generationen in Familienbesitz sind. Dann schwingen wie sich auf die Pferde, um für ein Wochenende auf Tuchfühlung mit ihren Ahnen und ihrer Geschichte zu gehen. Anschaulich wird dies mit einer prachtvollen Parade, bei der 500 Reiter in voller Samurai-Rüstung durch die Innenstadt traben, sowie beim Pferderennen, das ebenfalls in voller Kampfmontur und mit aufgepflanzten Bannern durchgeführt wird. Weiterer Höhepunkt ist die Fahnenjagd, bei der Feuerwerker eine Fahne hoch in die Luft schießen. Wer sie im Gewimmel aus Pferdeleibern und Rüstungen im Fallen erhaschen kann, erntet Ruhm für sich und seine Familie.

Kaum jemals wird man stolzere und grimmigere Japaner erleben als bei diesem Fest. Starren Blickes und Ehrfurcht gebietend trotzen sie unter ihren 35 Kilo schweren Panzern, ihren Helmen und Perücken aus Rosshaar der erdrückenden Julihitze und navigieren ihre widerspenstigen, nervösen Rosse durch die Menge der Schaulustigen. Sie schreien einander an mit tiefen, bösen Stimmen, die bedrohlich und aggressiv klingen, selbst wenn sie Respekt und Ehrerbietung bezeugen. Es klingt grob, bestimmt und autoritär – und was erwartet man sonst von einem Samurai?

1 Herr Tachibana schmückt sein Leihpferd für das Reiterfest von Soma. **2** Auf jedem Helm ist ein Wappentier angebracht. **3** Die Festtagskommission wartet auf die Parade. **4** Grimmig und stolz wollen sie erscheinen – in ihren Rüstungen werden Verwaltungsangestellte zu Helden.

Natürlich haben wir in Europa auch unsere Ritter – aber die stehen mitsamt ihrer Geschichte irgendwo in den Ecken alter Schlösser und sammeln Spinnweben.

In Japan hingegen wird man keinen Tag erleben, an dem nicht in wenigstens einem Fernsehsender ein Samurai-Drama ausgestrahlt wird, in welchem schwertschwingende Helden und glutäugige Schurken mit eigentümlichen Frisuren aufeinander losstürmen, um sich zu zerhacken, und der tragische Held in rührseligem Monolog einmal mehr die Pflicht gegenüber seinem Arbeitgeber über die Liebe zu seiner Angebeteten stellt.

Samurai beherrschten seit dem frühen 10. Jahrhundert die militärische und politische Szene Japans in einem System, das unserem Feudalwesen nicht unähnlich war. Als Vasallen ihrer Lehnsfürsten (*daimyo*) kamen sie in den Genuss von Land, Leibeigenen und anderen Privilegien. Solange im Land Krieg und Unruhe herrschte, war das Auskommen einiger hunderttausend Krieger gesichert. Als es aber nach der Errichtung des Tokugawa-Shogunates (1603) und einer stabilen, landesweiten Kontrolle nicht mehr viel zu erobern und zu plündern gab, erlebten die stolzen Krieger eine schwere Identitätskrise. Sie siedelten sich im Schatten der Burgen an, in denen es sich ihre Lehnsherren gut gehen ließen, oder verwandelten sich in Steuereintreiber, Ordnungshüter, Bürokraten oder Gangster. Manche setzten sich zur Ruhe, andere wurden beim Glücksspiel erwischt, waren ständig in Schlägereien verwickelt oder versuchten sich als Geschäftsleute und Feingeister.

Interessanterweise wurde eben in dieser Zeit des Müßiggangs die romantische Samurai-Philosophie von Loyalität, Ehre und Selbstaufgabe entwickelt (auch bekannt als *bushi-do* – der Weg des Kriegers), die bis heute im In- und Ausland das idealisierte Bild dieser Klasse bestimmt. Jedes Kind kennt die Geschichte von den 47 *ronin* (so nennt man Samurai, die ihres Herrn und somit ihres Lebensinhaltes und ihres Arbeitgebers verlustig gingen), die sich nach der Ermordung ihres Patrons zum Schein völlig gehen ließen und verwahrlosten – nur um, als niemand sie mehr achtete und verdächtigte, noble Rache für die Bluttat zu nehmen.

Seltener freilich hört man die weniger erbaulichen Geschichten aus dem Mittelalter, insbesondere die der Unterdrückten – einer rechtlosen Masse von Bauern, denen noch nicht einmal gestattet war, Nachnamen zu führen. Die Krieger waren die Einzigen, denen nicht nur das Tragen von Waffen erlaubt war, sondern die auch das Recht hatten, jeden beliebigen Passanten zu frikassieren, um die Schärfe ihres Schwertes zu testen.

Als dann mit dem Beginn der Neuzeit und der Ankunft der amerikanischen Kanonenboote in Japan der sprichwörtliche Ruck durch das Land ging und alles anders werden sollte, lehnten sich die Krieger (vor allem diejenigen im Süden) zunächst gegen das verknöcherte Shogunat, aber dann auch (vor allem diejenigen aus dem Norden) gegen die neuen und gänzlich unjapanischen Sitten auf. Schließlich wurden sie jedoch von der erbarmungslosen Walze der Moderne und deren überlegenen Waffen überrollt. – Das ist der Stoff, aus dem Heldenepen gesponnen werden.

Viele der begeisterten Teilnehmer am *soma nomaoi*, dem »Fest der wilden Pferde«, können Ur-Ur-Großväter vorweisen, die bei der Schlacht der Samurai von Fukushima im Jahre 1868 dabei waren.

1 Zwischendurch gönnt sich dieser Krieger einen Schluck Bier. **2** Zwei Samurai als Verkehrswächter. **3** Die Parade der 500 Krieger. **4** Wenn die rote Fahne fällt, geraten die Reiter außer Rand und Band.

Die letzten Rüstungsmacher

Herr Tachibana Satoshi aus Soma ist einer von landesweit nur noch vier Handwerkern, die die alte Kunst des Rüstungsmachens beherrschen. Die Samurai-Rüstung setzt sich aus etwa

10 000 Einzelteilen – Hartleder und Metall – zusammen und besteht aus zehn Hauptelementen: Brustpanzer, Arm- und Beinschutz, Helm usw. Eine gut erhaltene Samurai-Rüstung ist mehrere 10 000 Euro wert. Neue Rüstungen baut Herr Tachibana so gut wie nie, was auch viel zu teuer wäre. Er ist vollauf damit beschäftigt, die alten Exemplare auszubessern und zu restaurieren. Auch die Vorfahren des Rüstungsmachers waren Samurai und er beklagt bitter den Verlust des ritterlichen Geistes. »Ich sage meinen Kindern immer: Wenn ihr mal so alt seid wie ich, dann ist dieses Land längst vor die Hunde gegangen.«

Tom Cruise könnte sich geehrt fühlen, wenn er wüsste, dass sein Film »Der letzte Samurai« Herrn Tachibana tief gerührt hat. Viermal, gesteht er, kamen ihm im Kino die Tränen.

Damals waren sie im so genannten *Boshin*-Bürgerkrieg in die Schlacht gezogen, um den Shogun zu verteidigen. Sie wurden jedoch geschlagen. Mit großem Stolz tragen sie noch heute die Flaggen ihrer Ahnen und werden einmal im Jahr von einem fast heiligen Schauer durchbraust und tun so, als sei die Zeit stehen geblieben. – Und sie träumen dann von den Tagen, als Ehre, Tapferkeit und Treue noch etwas galten.

Politiker und Betonköpfe
Wie Wahlen gewonnen werden

Absolut blauäugig wäre es, zu erwarten, dass irgendein Politiker in diesem Land etwas gegen die laschen Lärmschutzgesetze unternähme. Denn die Politiker aller Überzeugungen und Parteien sind – noch weit vor dem Mann mit den Bambuswäschestangen – die größten Lärmverursacher, insbesondere kurz vor den Wahlen. Dann kreuzen von morgens bis abends mit aufgepflanzten Lautsprechern ihre Busse durch die Straßen. Darin sitzen die Kandidaten, winken mit weiß behandschuhten Händen dem davoneilenden Wahlvolk zu – oder auch Hauswänden und Berghängen – und wiederholen so oft es eben geht ihren Namen, in der Hoffnung, dass er irgendwie hängen bleibt und zu einem Kreuz auf dem Wahlzettel führt.

Der Kandidat Gotoda Masazumi (Motto: »We can«) aus dem Bezirk Tokushima 3 auf der Insel Shikoku macht das ganz genauso. Allerdings hat er eine Frau mit durchdringender Stimme angeheuert, die das Rufen für ihn übernimmt. Sie schreit, als kündige sie den Messias an: »Freut euch, ihr lieben Bürger, der Kandidat Gotoda kommt zu euch. Ja, es ist unser leibhaftiger Kandidat Gotoda. Danke, dass Sie uns einen so herzlichen Empfang bereiten.« Was zwar nicht überall geschieht, aber für Herzlichkeit sorgt der Kandidat schon selbst, indem er in jedem Dorf aus seinem Jeep springt und händeschüttelnd durch den Ort eilt. Seine Hände sind bereits bandagiert und jeder Händedruck verursacht scheußliche Schmerzen – aber Wahlkampf ist wohl nirgends auf der Welt etwas für die Schwachen und Verzagten. Herr Gotoda, der im Laufschritt durch die Gemeinden fliegt und dort verblüffte alte Damen begrüßt, in Büros eindringt und schon wieder in seinem Jeep verschwunden und abgebraust ist, kandidiert für die Liberaldemokraten, die LDP. Diese Partei regiert, von zwei kurzen und nicht weiter nennenswerten Unterbrechungen abgesehen, das moderne Japan seit seiner Geburtsstunde. Das liegt zum Teil daran, dass die Opposition es für ihre Aufgabe zu halten scheint, sich untereinander zu zerfleischen, und sich kaum einem Wähler als attraktive Alternative präsentiert. Es liegt aber auch daran, dass Japans Mehrheitswahlrecht den Landstimmen ein viel stärkeres Gewicht einräumt als den Stadtstimmen – mitunter ein doppelt so starkes Gewicht. Kein Wunder also, dass sich die LDP traditionell gut mit dem Landvolk

1 Idyllisch – aber strukturschwach ist der Bezirk Tokushima 3 in Shikoku. **2** Beton und Zement sind der Fluch des ländlichen Japans. **3** Nur selten lässt man der Natur ihren Lauf. **4** Wahlkampf auf Japanisch: Kandidat Gotoda braust winkend von Ort zu Ort.

stellt. Weswegen die Versprechen, die Herr Gotoda bei seinen Zwischenstopps mit heiserer Stimme vorträgt, vor allem die Zufächerung weiterer Staatsgelder zur Verbesserung der Infrastruktur betreffen. Das wird ihm auch diesmal den sicheren Sieg einbringen, denn die Menschen in Tokushima – einer landschaftlich sehr reizvollen Gegend ohne nennenswerte Industrie – sind angewiesen auf die öffentlichen Aufträge. Straßenbau und Brückenbau. Hier vielleicht noch eine Anti-Erdrutschwand? Und dort noch ein Damm? Und hier noch ein Tunnel?

Kein Land der Welt, und schon gar keines mit einer so grandiosen Natur, betoniert sich derartig ein wie Japan. Seine Küsten sind eingefriedet von Tetrapoden und Wällen, seine Berghänge verschwinden unter grauen Betonschichten und kaum ein Fluss fließt noch in dem Bett, das er sich einst selbst geschaffen hat. Das ist nur teilweise der wilden und lebensbedrohlichen Natur mit ihren Erdbeben, Tsunamis, Taifunen, Regenfällen, Bergrutschen und Vulkanaus-

Das japanische Parlament, das älteste Asiens, kam 1890 erstmals zusammen. Da es sich damals freilich noch um ein kaiserliches Parlament handelte, hatte es nichts zu sagen. Die Vollmacht zur Gesetzgebung bekam es erst 1947 unter der neuen Verfassung. Die imposante Granitstruktur des Parlamentsgebäudes aus dem Jahre 1936 überragt den Regie-

rungsbezirk Kasumigaseki unweit des Kaiserpalastes in Tokyos Mitte. Das Parlament hat zwei Kammern, das Ober- und das Unterhaus. Das Oberhaus ist politisch eher machtlos, zumal seine Entscheidungen in allen wichtigen Belangen vom Unterhaus mit einer Zweidrittelmehrheit weggewischt werden können. Weil die LDP ohnehin seit Menschengedenken die Mehrheit in beiden Häusern hält, gibt es selten Überraschungen und so war bisher immer der Vorsitzende der LDP automatisch der Premierminister. Und dieser weiß, dass seine eigentlichen Widersacher nicht in den Reihen der ohnmächtigen Opposition sitzen, sondern in den diversen Flügeln seiner eigenen Partei. Deswegen muss er immer auf Ausgleich und Harmonie bedacht sein, was einen Großteil seiner Energien beansprucht. Währenddessen werden die Regierungsgeschäfte von einer kafkaesken Bürokratie erledigt, deren Vorlagen von den meist ahnungslosen Fachministern routinemäßig abgenickt werden.

Derweil spricht man, ganz wie bei uns, immer wieder mit großem Engagement von den nötigen Reformen ...

1 Problem Landflucht: die Dörfer in Tokushima. **2** Wieder ist ein Berg betoniert. **3** Gotoda umwirbt Jungwähler. **4** Er verspricht gleiche Lebensverhältnisse. **5** Man vertraut ihm, da sein Onkel im Parlament saß.

brüchen zuzuschreiben. Zu einem erheblichen Teil aber ist es Machtpolitik der LDP und daraus machen sie in Tokushima keinen Hehl. »Für uns gibt es zum Kandidaten Gotoda keine Alternative«, sagte der Chef der örtlichen Baufirma, der seit zehn Jahren anderthalb Kilometer Straße in Schuss hält. »70 bis 80 Prozent der Menschen sind von den öffentlichen Aufträgen abhängig.«

Nicht weniger als zehn Prozent des Staatshaushaltes ergossen sich allein im Jahr 2003 in Form von Beton auf Berge, in Täler und an Küsten. 65 Milliarden Euro. Und das ist schon erheblich weniger, als es in früheren Jahren war, und vielleicht darauf zurückzuführen, dass die noch nicht betonierte und eingefriedete Fläche immer kleiner wird. Schöner wird Japan dadurch gewiss nicht – und sicherer eigentlich auch nicht. Aber die Arbeitsplätze in strukturschwachen

Gebieten bleiben bestehen und die LDP wird wieder gewählt. »Wir müssen uns dafür einsetzen, dass im ganzen Land die gleichen Lebensverhältnisse herrschen«, erklärt Herr Gotoda die Betonierwut der Politiker. Unerwähnt lässt er freilich – und wir nehmen zu seinen Gunsten an, dass er davon nichts weiß – die schier unglaublichen Möglichkeiten der Vorteilsnahme und -gewährung, die sich zwischen der mächtigen Baulobby und den Bürokraten der Ministerien ergeben.

Er wurde übrigens mit großer Mehrheit wiedergewählt. Nicht zuletzt auch deswegen, weil man seinen Onkel, auch ein Herr Gotoda, der jahrelang im Parlament saß, in guter Erinnerung behalten hat. Japans Wähler sind dankbar und bereit, ihre Loyalität auf Söhne und Töchter, Nichten und Neffen zu übertragen. Ein überdurchschnittlicher Anteil der japanischen Abgeordneten und Minister ist auf dem Weg der Erbfolge an seine Mandate und zu seinen Posten gekommen.

Brücken – **1** Die längste Brücke des Landes verbindet Honshu und Shikoku. **2** Eine Holzbrücke in Kyushu. **3** Eine steile Steinbrücke in Nagano. **4** Nihonbashi, die berühmteste Brücke, wird selbst mittlerweile von der Tokyoter Autobahn überbrückt. **5** Die Rainbow Bridge in der Tokyo-Bucht. **6** Japans älteste Brücke im Iiya-Tal, Shikoku.

Das kleine, kreative Chaos
oder die Anarchie im Alltag

Verzeihen Sie mir, wenn ich es bis jetzt etwas schamhaft verschwiegen habe, aber Japan ist – außerhalb seiner perfekt sortierten Drogerien und Buchläden, seiner wunderschönen Gärten und erhabenen Schreinanlagen – kein auffallend ordentliches und gepflegtes Land.

Und trotz seiner fabelhaften Natur sind viele der Gebiete und Routen, entlang derer wir uns als Japan-Besucher wahrscheinlich fortbewegen werden (also entlang der wichtigsten Bahnstrecken und Straßen), nicht von sonderlich beeindruckender Schönheit. Man könnte sogar bemerken, dass weite Teile und besonders die unmittelbare Umgebung ihrer Häuser offenbar unbemerkt von den Einwohnern aussehen wie schlecht geführte Ersatzteillager oder Sammelstellen für Sperrmüll. Man könnte sogar das harte Urteil einiger respektierter und weit gereister Japan-Beobachter zitieren, die dieses Land ohne Zögern als das hässlichste der Welt charakterisieren – aber zu solchen Extremen möchte ich mich nicht versteigen.

Japan hat zweifellos ein Überangebot an Waren und ein Unterangebot an Orten, wo man diese Waren abstellen kann, wenn sie noch nicht ganz kaputt sind, aber einfach nicht mehr gebraucht werden. Man muss immer im Hinterkopf behalten, dass dieses Inselreich von Natur aus nicht viel Platz bietet und seine Menschen deswegen gesegnet sind mit einer erstaunlichen Fähigkeit zur selektiven Wahrnehmung, die es ihnen ermöglicht, gewisse Dinge, die da unbestreitbar nutzlos herumstehen und objektiv grauenhaft aussehen, einfach nicht zu bemerken oder sich nicht daran zu stören.

Wo der Stauraum im Haus nicht mehr ausreicht, die Garage gerade groß genug ist, das Auto hineinzufahren und durch die Heckklappe zu verlassen, wo es wegen der Raumknappheit, der Erdbeben und der häufigen mörderischen Regengüsse weder Keller noch Dachböden gibt, ist die Versuchung groß, einfach das weitere Umfeld des Hauses dazu zu nutzen, sich seiner Kisten und Kästen und Bierkästen, seiner Eimer und Plastiktonnen, seiner Autowracks, kaputter Möbel und Fahrräder vorerst zu entledigen und vielleicht zu hoffen, sie würden sich irgendwie von selbst entfernen. Jedoch tun sie das selten und da stehen sie dann herum und werden dank der selektiven Wahrnehmung von niemandem

1 Zwei Turnschuhe und drei Goldfische zieren dieses Kohlfeld. 2 Chaos am Strand von Aomori. 3 Fahrräder befallen wirklich jede Bahnhofsgegend wie eine Pest. 4 Warum sollte man denn Ordnung schaffen, wenn es auch so geht?

1 Kisten, Kästen, Kanister stapeln sich vor den Häusern. **2** Oft steht noch ein Fahrrad herum. **3** Kabelsalat herrscht in manchen Straßen.

bemerkt – und bald auch nicht mal mehr von dem, der sie dort abgestellt hat.

Überhaupt befallen Fahrräder bestimmte strategische Orte wie eine Pest. Besonders den Platz unter Fußgängerbrücken in Bahnhofsnähe, wo sie sich tagsüber zu einem unglaublichen Wirrwarr aus Drähten, Lenkern und Reifen verknoten und den ohnehin schon schmalen Bürgersteig noch weiter verkleinern. Einkaufen in Japan ist manchmal der reinste Fahrradlenker-Slalom. Aber das Wunder ist: Niemand außer stressanfälligen Blutdruckpatienten ausländischer Staatsbürgerschaft wie ich scheinen sie auch nur zu bemerken oder sich gar an ihnen zu stören. Und das, obwohl ein guter Teil der achtlos an Hauswänden und Laternen abgestellten, rostigen Räder da mit platten Reifen steht, womöglich seit den Olympischen Spielen in Tokyo.

Und wenn auch in unregelmäßigen Abständen mal Lastwagen des Ordnungsamtes vorbeikommen und unter vielen Entschuldigungen die allzu krass und verkehrsbehindernd geparkten Drahtesel aufladen und wegschaffen, hilft das nicht viel. Denn der gelegentliche Verlust eines Fahrrades wird von den meisten als normal empfunden. Zum Überlebenskampf des zu später Stunde heimkehrenden Zechers gehört seit jeher, sich eines der nicht abgeschlossenen oder nicht abgeschleppten Fahrräder auszuborgen, um damit nach Hause zu gurken, es dort abzustellen und zu vergessen, sodass es über kurz oder lang vielleicht zum festen Bestandteil und Blickfang eines Vorgartens wird, wie viele Beispiele landauf, landab beweisen. Außer den Fahrrädern – aber mutmaßlich legal – stehen noch grelle, bei Nacht beleuchtete Getränkeautomaten an jeder Ecke herum und tragen zur Auflockerung des Gesamtbildes bei. Was hingegen nirgendwo herumsteht, sind öffentliche Mülleimer. Der Verdurstende, der das natürlich weiß, ist also aufgefordert, seinen Eiskaffee oder grünen Eistee, sein coffeinhaltiges Erfrischungsgetränk oder seinen Pfirsich-Karotten-Saft an Ort und Stelle in sich hineinzuschütten, denn die einzige Entsorgungsmöglichkeit ist der Doseneimer direkt neben dem Automaten, der manchmal allerdings

Das magische Zusammentreffen der Dinge

Das stellenweise überwältigende Durcheinander scheinbar auf ewig fortdauernder Zwischenlösungen hat aber auch eine ungemein kreative und künstlerische Seite. Plötzlich finden Gegenstände zueinander, die sich in Form und Inhalt eigentlich fremd sind und die doch in ihrem intellektuell stimulierenden Zusammenwirken fundamentale menschliche Sehnsüchte und sensible Botschaften ausdrücken. Gleichsam nebenher, unverhofft und von vielen unbemerkt entstehen überall in

Japan – in der Stadt und auf dem Land – spontane und auch bleibende Installationen. In vielen modernen Museen von Berlin bis New York würden sich große Menschentrauben angesichts solchen magischen Sammelsuriums der Dinge bilden. Man würde gewissenhaft und kontrovers die Intentionen und Absichten des Künstlers wie auch die tiefe Wahrheit des Kunstwerks diskutieren.

Pars pro toto seien hier nur beispielhaft Installationen mit Fischen genannt. Die anonymen Kunstwerke heißen (vermutlich): »Zwei Goldfische in einem Plastikbeutel vor einem Hauseingang« (siehe S. 3[5]), »Zwei Gummistiefel und ein Gestell mit Trockenfischen auf einer Brücke« (oben) und »Zwei Turnschuhe und drei Goldfische in einem Kohlfeld« (siehe S. 154[1]).

geklaut wurde oder gerade voll ist. Dann stellt man die Dose in stillem Protest einfach neben den Automaten. Die Japaner wären jedenfalls auch kein geeignetes Publikum für Komödien wie unser Dosenpfand.

Das kleine, alltägliche Chaos erstreckt sich bei weitem nicht nur auf die Erdoberfläche, sondern hat auch den Luftraum befallen. In Japan werden Telefon- und Stromleitungen stur überirdisch verlegt. Warum, versteht außerhalb des Landes kein Mensch. Angeblich soll das sicherer sein, wenn, was ja bekanntlich oft geschieht, die Erde bebt. Natürlich mag der ungeschulte Ausländer einwenden, dass es nicht sehr sicher erscheint, beim Erdbeben von umstürzenden Betonmasten erschlagen zu werden, an denen wuchtige Transformatoren und summende Kabel hängen – aber das ficht die Stadtplaner und Bürokraten nicht an. Sie führen pikiert an, dass der japanische Boden nun mal anders ist als der Boden im Ausland. Und der Verdacht liegt nahe, dass irgendein spendabler Strommasten-Mogul aus der Betonindustrie bei Laune gehalten werden muss. Es wäre wahrhaftig nicht die erste und einzige infrastrukturelle Maß-

nahme, der solche Erwägungen zugrunde liegen. Folglich sehen manche Straßenzüge aus, als seien sie von unsichtbaren Riesenspinnen zugewebt worden, Kabelklumpen ballen sich um die Transformatoren und aus grob verklebten Relais schwingen sich die Anschlüsse zum nächsten Stromkunden. Man kann die Produzenten der beim Fernsehpublikum überaus beliebten Samurai-Dramen bemitleiden, denn selbst in den wenigen unversehrten Straßenzügen führen kreuz und quer die Kabel durch die Szenerie, weswegen diese Geschichten meist als Kammerspiele gedreht werden. Man kann zu dem Film »Der letzte Samurai« und seinen Aussagen über Japans Geschichte und Kultur stehen, wie man will. Aber die Tatsache, dass kein einziger Meter in Japan, sondern alles vor Kulissen in Neuseeland gedreht wurde, verrät eine Menge über den optischen Zustand dieses Landes. Als das Städtchen Obanzawa in der Präfektur Yamagata auf die Beschwerden frustrierter Hobby-Fotografen reagierte und beschloss, endlich die Kabel unterirdisch zu verlegen, um einen unverdrahteten Blick auf die alten Häuser zu erlauben, wurde darüber landesweit in den Medien berichtet.

Japans Muster – Halt, nicht alles hier ist in Unordnung. Im Gegenteil. Japan ist auch ein Land der schönen Muster, im Kleinen und im Großen bereichern sie die Ästhetik des Alltags. **1** Holzsandalen. **2** *Daruma,* die japanischen Wunschpuppen. **3** *Ema,* hölzerne Wunschkarten am Schrein. **4** Kimonos. **5** Laternen der Sponsoren am Tempel **6** Lustige Gummitiere. **7** Traurige Buddhastatuen für die Seelen abgetriebener Kinder.

Der Zauber der Feuerblumen
Japans Sommernachtstraum

Wir haben ja bereits festgestellt, dass nichts die Japaner so sehr berührt wie die vergängliche Pracht der Kirschblüten und des Herbstlaubs und das – gottlob – vergängliche Sägen der *semi*. In diese Aufzählung gehört auch das größte Sommervergnügen der Japaner: das *hanabi*, die Blumen aus Feuer.

Man weiß nicht so genau, wer denn nun das Feuerwerk auf die Inseln gebracht hat. Kam auch dies von den Chinesen oder brachten es die Portugiesen mit? Wer immer es war, er fand ein dankbares Publikum vor. Schon im Mittelalter ordneten die Shogune Feuerwerke zur Volksbelustigung an – und als Maßnahme zur Austreibung der Totengeister. Heute gibt es in Japan jährlich gut 5000 Feuerwerksshows. Die größten dauern über eine Stunde, da werden zwischen 10 000 und 20 000 einzelne Geschosse in die Luft gejagt.

Abgeschossen werden die Kugeln aus Stahlrohren. Früher mussten Feuerwerker jedes einzelne Rohr mit Zigarettenstummeln zünden. Heute geschieht das zentral und per Mausklick. Mit kilometerweise Kabel sind die einzelnen Batterien mit dem Zelt der Feuerwerker verbunden.

Die beiden großen Tokyoter *Hanabi*-Feste Ende Juli, Anfang August an den Flüssen Sumidagawa und Edogawa im Osten der Stadt locken jedes Jahr jeweils mehr als eine Million Menschen an. Schon Wochen vor dem Ereignis haben die ersten Privatleute, Studentenclubs und Betriebsgruppen ihre Claims abgesteckt und Tage vorher werden Platzwachen abgestellt, die Tag und Nacht in sengender Hitze und strömendem Regen die Plastikplanen gegen feindliche Übernahmen und Sitzplatzpiraten sichern. Denn auch im Land der Harmonie und des Respekts lassen manche alle Hemmungen fallen, wenn es darum geht, einen guten Platz beim *hanabi* zu ergattern.

Ab mittags füllt sich dann zum Beispiel das weitläufige Ufer des Edogawa-Flusses, wo am Abend das von der Publikumszahl her gesehen größte Feuerwerk der Welt abgebrannt wird. Viele sind gewandet in die bunten *yukatas*, die leichten Sommer-Kimonos, als wären sie einem Holzdruck der alten Zeit entsprungen. Alle sind bewaffnet mit Kühlboxen voller Bier und Imbissen. Am frühen Abend ist auf einer Strecke von drei Kilometern Länge auf den

1 Ein ausgewachsenes japanisches Feuerwerk dauert mindestens eine Stunde. **2** Jede einzelne Explosion wird genau beobachtet und genossen. **3** Zwischen 10 000 und 20 000 Knaller kommen zur Explosion. **4** Kreisrund sind die Feuerblumen – sie bieten von allen Seiten das gleiche Bild.

1 Schon Tage vor der Veranstaltung haben die Fans ihre Claims abgesteckt. 2 Die Feuerwerker von Kagiya errichten ihre Leitstelle. 3 Die Feuerkugeln werden per Computer abgeschossen. 4 Es muss jedoch jede einzelne zuvor in ihr Abschussrohr versenkt werden.

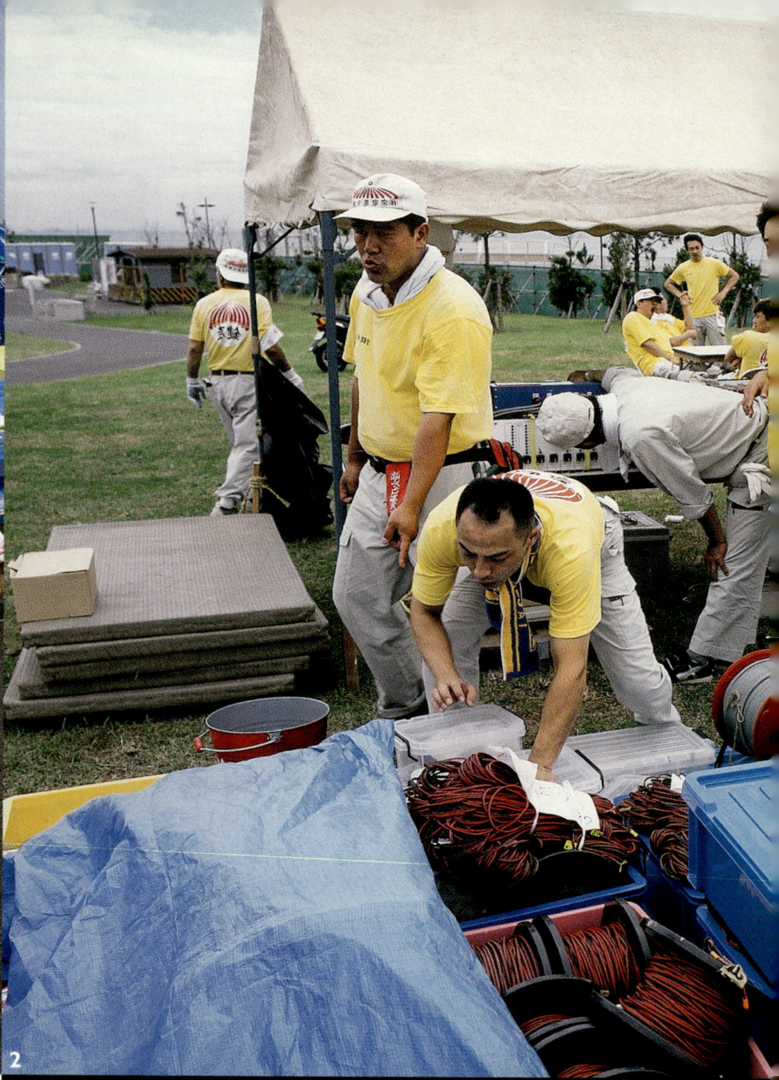

Flusswiesen kein Quadratzentimeter mehr unbesetzt, es ist das größte Picknick der Welt, ein alljährliches Woodstock und die Atmosphäre ist fröhlich und friedlich. Selbst Menschen, die sich in großen Massen nicht wohl fühlen, werden auch die größte japanische Menge als angenehm und zivilisiert kennen lernen.

Und wie sie sich freuen, wenn die Show mit einer atemberaubenden Explosion beginnt. Verhaltene Ohs und Ahs sind des japanischen Feuerwerksfans Sache nicht. »Im Westen genießen die Menschen eher die ganze Atmosphäre eines Feuerwerks«, hat Amano Akiko, die Geschäftsführerin und Chefdesignerin von Kagiya, einem der größten und traditionsreichsten *Hanabi*-Häuser, beobachtet. »Hier in Japan ist das anders. Hier sind die Leute sehr verwöhnt und auch sehr kenntnisreich und sie beurteilen jede einzelne Explosion.«

Und ja, sie schreien vor Entzücken, bejubeln jedes gelungene Blumenbild aus Chrysanthemen und Päonien, das über ihnen erblüht. Es ist eine Symphonie des Feuers, unterstützt von Musik, an deren

Handgemachte Feuerkugeln

Japans traditionsbewusste Pyrotechniker arbeiten nicht mit Zylindern oder Raketen, sondern wie in alter Zeit mit Kugeln, die alle in Handarbeit hergestellt werden. Denn die Mischung aus Schwarzpulver und Chemiezutaten darin ist so explosiv, dass schon Reibung allein sie hochgehen lassen könnte.

Kugeln deshalb, weil nur Kugeln diese perfekten Feuerbilder an den Nachthimmel zaubern können – kugelrund eben, von allen Seiten das gleiche Bild. Die kleineren haben ungefähr die Maße von Kokosnüssen, die größten wiegen eine halbe Tonne und dürfen in den Städten aus Sicherheitsgründen schon gar nicht mehr gezündet werden. Sie erschaffen ein Bild von 350 Metern Durchmesser. Mit 14 Lagen Papier werden sie umkleistert, damit es beim Zünden so richtig schön rummst.

Farben und Formen, deren Rhythmus und Dramaturgie Frau Amano monatelang gefeilt und komponiert hat. Es sind majestätische Kompositionen aus Licht und Farbe, ineinander greifend, einander verzehrend, dann wieder eine Salve aus allen Rohren, dann ein Feuerregen in der Form des Fuji und darüber grüne Tupfer. Es erscheinen Sterne und Gesichter und Schmetterlinge und aus dem Nachthimmel regnet es glühende Raketenasche, was die Menschen nicht nur nicht erschreckt, sondern vielmehr entzückt, weil sie dann das Feuerwerk nicht nur sehen, sondern auch spüren können.

Und am Schluss, nach 75 Minuten Dauerbeschuss, das Finale: eine mitreißende Eruption rosafarbener Kirschblüten.

Man wird keine größere Hingabe und Verzauberung lesen können als in den Augen der *Hanabi*-Besucher, wenn der letzte Stern verglüht ist und langsam der Applaus aufbrandet an den Ufern des Edogawa-Flusses.

»Das«, sagt Frau Amano, »ist für uns Feuerwerker der schönste Moment. Wenn wir den Beifall hören und wissen: Wir haben den Menschen tatsächlich mit unserer Arbeit Träume gegeben ...«

Vergängliche Träume, gewiss. Aber nichts berührt schließlich die Japaner so sehr wie die Vergänglichkeit ...

Der Weg der Götter
Religion zwischen Ruhe und Rausch

Ihrer Religion verdanken die Japaner unter anderem die historisch prachtvollsten und in der Moderne einige der interessantesten Bauten, die größten Kunstwerke und die längsten Traditionen. Obwohl man bemerken könnte, dass sie kein sonderlich religiöses Volk sind, jedenfalls nicht in unserem Sinne religiös.

Ihr eigener Volksglaube heißt Shinto, der Weg der Götter. Shinto ist eine Naturreligion: Jeder Baum, jeder Strauch, ein bestimmter Felsen, ein Bach oder ein ganzer Berg – wie etwa der Fuji – sind nicht nur von Göttern bewohnt, sondern sind demnach Götter. Man zählt mehr als acht Millionen Götter, die *kami* oder ehrerbietig *kami-sama* heißen. Es gibt in der Shinto-Religion keine heilige Schrift, keine Gottesdienste und keine Gebote. Jeder kann im Prinzip tun und lassen, was er für richtig hält. Allerdings empfiehlt es sich, die Götter gelegentlich und vor allem bei größeren Unternehmungen um ihren Beistand zu bitten. Auch im heutigen Japan wird kein Wolkenkratzer gebaut und kein Feuerwerk abgefackelt, ohne dass Shinto-Priester einen Opferaltar mit Obst, Gemüse und Fischen errichten und mit ihrem weißen Papierwedel Örtlichkeit und Akteure segnen. Die Shinto-Religion verlangt auch nicht von ihren Anhängern, dass Andersgläubige bekehrt würden, und so hat sich der Shinto in Japan als die diesseitsorientierte Religion für irdisches Streben nach Glück und Erfolg etabliert

Der Buddhismus kam im Jahr 552 (oder 538, so genau lässt sich das nicht mehr sagen) wie so vieles von China über Korea nach Japan und fand einen mächtigen Befürworter in Gestalt des bis heute verehrten Prinzen Shotoku. Die Sorge, dass sich die einheimischen Götter mit einer neuen Religion nicht anfreunden würden, erwies sich als unbegründet. Buddhismus und Shintoismus kommen heute prächtig miteinander aus und ergänzen sich.

Der Buddhismus ist vor allem für diejenigen ein Anker, die sich anlässlich von Krankheit oder Tod im Angehörigenkreis mit der Frage nach dem Jenseits beschäftigen müssen: buddhistisch sind die japanischen Trauerfeiern und Bestattungen. Die meisten Buddha-Statuen, oft fürsorglich mit Häkelmützen und Lätzchen versehen, findet man auf Friedhöfen. Sie trösten in der Vorstellung der Japaner die Seelen verstorbener Kinder, denen der Zugang ins Paradies verwehrt blieb, weil sie durch ihren Tod die Eltern so bekümmerten.

1 Die Gebetshalle des Chion-In-Tempels in Kyoto bei Nacht. **2** Furchterregendes Laternenmotiv beim Nebuta-Matsuri, Aomori. **3** Andacht am Großschrein von Izumo. **4** Ein turbulentes Volksfest – das *torigoe-matsuri* im Osten Tokyos.

1 Das Brassen-*Matsuri* in Toyohama, nahe Nagoya. **2** Das onbashira-*matsuri* in Suwa, der gefährliche Ritt auf dem Baumstamm. **3** Das *kunchi* – das große *matsuri* von Nagasaki. **4** Heilender Rauch des Opferfeuers am Asakusa-Kannon in Tokyo. **5** Der große Buddha in Kamakura.

Aber neben den etablierten Glaubensrichtungen findet sich noch eine beträchtliche Anzahl so genannter »neuer Religionen« und buddhistischer Sekten, deren Anhänger Millionen zählen.

Das Christentum, von Francis Xavier 1549 ins Land gebracht, erlangte nie größere Bedeutung, zumal der christliche Glaube nach anfänglichen Missionierungserfolgen von den eifersüchtigen Militärmachthabern grausam verfolgt und nahezu ausgemerzt wurde. Nur in der Gegend von Nagasaki überlebten einige christliche Gemeinden die Verfolgungen.

Niemand wird dieses Land und seine Bewohner verstehen, der nicht mindestens einmal an einem *matsuri* teilgenommen hat, einem Schreinfest, bei dem der örtliche *kami* gefeiert wird.

Es ist ja nicht viel, was die *kami* den Menschen abverlangen. Nur einmal im Jahr, beim *matsuri,* wollen die *kami* unterhalten werden. Sie beziehen dann, unter viel Zeremoniell, den *mikoshi,* den reichlich mit Gold verzierten, tragbaren Schrein und lassen sich durch

die Nachbarschaft tragen und schubsen. Je wilder der *mikoshi* von seinen Trägern herumgewirbelt wird, umso größer ist der Segen, den der *kami* der Gemeinde spendet. Es gibt hunderte, vielleicht tausende verschiedene *matsuri* in diesem Land. Jeder Ort, jede Gemeinde hat einen anderen Termin, eine andere Gottheit und eigene, jahrhundertealte Traditionen und andere Maßnahmen, um die örtliche Schutzgottheit zu ehren. Eines aber ist allen gleich: Zu Zeiten ihres *matsuri* fließt in den Adern der Japaner kein Blut, sondern ein Cocktail aus Sake, Adrenalin und Testosteron. Einmal im Jahr fallen alle Schranken, verwischen alle gesellschaftlichen Unterschiede, verschwinden alle sonst so gepflegten Hemmungen. Friedliebende Rentner verwandeln sich in stolze Feldherren, die die Jugend ihres Bezirkes befehligen. Brave Verwaltungsangestellte mutieren, wenn sie ihre traditionellen *Matsuri*-Kostüme angelegt haben, zu Einpeitschern, die die vor Lebenslust vibrierende Menge steuern und anfeuern. Wohlerzogene U-Bahn-Schaffner werden zu johlenden Rabauken, beflissene Studenten der deutschen Literatur zu taumelnden Schreinträgern. Nichts, was wir jemals über Japan und seine Menschen begriffen zu haben glaubten, hat noch Bestand. Sie werden übermütig, ausgelassen, verrückt.

Es scheint zum guten Ton zu gehören, dass Sie von jedem *matsuri* hören werden, es sei »eines der drei« größten, bedeutendsten oder schönsten Feste in Japan. Lassen Sie uns hier fünf schöne *matsuri* betrachten, von denen jedes »eines von dreien« ist. Gemeinsam ist ihnen allen, dass sie drei Tage dauern (manchmal auch länger), in denen sich das Leben um nichts anderes dreht.

1. Die prächtigsten Kostüme sehen wir beim *kunchi,* dem großen Fest von Nagasaki (Anfang Oktober). Das Fest wurde im 17. Jahrhundert vom örtlichen Militärmachthaber initiiert, um den Japanern den Appetit auf die christliche Religion zu verderben. Die Mächtigen empfanden sie als Bedrohung und weil die christlichen Feiertage und Feste immer mehr Anhänger fanden, setzte man ihnen etwas unverkennbar Japanisches entgegen. In der Arena am Suwa-Schrein wirbeln grobe Gesellen die mit musizierenden Kindern bemannten Schiffsattrappen herum, rennen plötzlich los und kommen nur knapp vor einer steilen Treppe zum Stehen. Starke Männer balancieren blind zentnerschwere runde Baldachine aus prachtvoll bestickten Stoffen. Auch die Nachfahren der großen chinesischen Gemeinde der Stadt balancieren beim Drachentanz 15 Meter lange Ungetüme aus Pappmachee durch die Manege.

2. Die wildeste Menschenmenge erleben wir bei den Frühsommerfesten im Tokyoter Osten, *kanda-, sanja-* oder *torigoe-matsuris* (Mitte Mai, Ende Mai, Anfang Juni). Mit diesen rabiaten Umzügen werden seit alter Zeit die Götter um Schutz vor Krankheiten in der bevorstehenden, ermattenden Regenzeit und Sommerhitze gebeten. Die Jugend jedes Bezirks sammelt sich um ihren *mikoshi* und schaukelt, schubst und rangelt mit ihm durch die engen Gassen der Tokyoter Altstadt. Zum Höhepunkt des *Torigoe*-Festes am ersten Sonntag im Juni wird der goldverzierte *mikoshi* vom *Torigoe*-Schrein, der über eine Tonne wiegen soll, abwechselnd von den jeweiligen Anwohnern von Straßenzug zu Straßenzug gewuchtet. Wenn die *Mikoshi*-Lotsen mit ihren Klanghölzern das Zeichen zum Aufbruch geben, erhebt sich Gebrüll und der goldene Wappenvogel auf dem Dachfirst des Wanderschreins beginnt zu zittern, während sich das schwankende, keuchende, stampfende Götterwesen mit tausend Füßen und Händen seinen Weg durch die Gemeinde bahnt. Ein schwitzender, Sakedunst atmender Knoten aus menschlichen Leibern, Gesichter verzerrt in Anstrengung und Verzückung. In jedem Haus, jeder Garage entlang des kilometerlangen Weges ist Party und Picknick.

3. Die größten Laternen des Landes holt man am Anfang August beim *nebuta-matsuri* in Aomori hervor. Dann werden mindestens 20 meterhohe, meterbreite Monstren – Samurai, *Kabuki*-Helden und Götterfiguren aus Pappmachee von dutzenden Trägern gezogen. Wie so viele hochsommerliche Feste dient auch das *Nebuta*-Fest der Vertreibung der sommerlichen Erschöpfung und Vorbereitung auf die hoffentlich reichhaltige Reisernte. Zwischen den riesigen Motivwagen ziehen Trommeltruppen, Flötenspieler und hüpfen tausende ausgelassene Menschen mit sonderbaren bunten Hüten und dem Ruf »*Rasse-rah, rasse-rah*« durch die nächtlichen Straßen Aomoris.

4. Den spektakulärsten Fisch, eine riesige Seebrasse, tragen die Fischersleute der kleinen Hafengemeinde Toyohama südlich von Nagoya, Präfektur Aichi, jedes Jahr Mitte Juli durch ihr Dorf. Das 20 Meter lange, tonnenschwere Monstrum aus Bambus und Pappmaché, das die Fischer in wochenlanger Handarbeit gebastelt haben, wird zunächst ins Hafenbecken gezogen, um die Meeresgötter daran zu erinnern, dass sie auch weiterhin die Netze füllen

1 Der Todaiji-Tempel in Nara, die größte Holzstruktur der Welt, beherbergt einen zweiten sitzenden Riesenbuddha. 2 Die Braut trägt Weiß – Ende einer Hochzeit nach Shinto-Ritual. 3 Ein Shinto-Priester. 4 Ein buddhistischer Abt.

Der Yasukuni-Schrein in Tokyo ist auch bei uns dem interessierten Zeitungsleser bekannt. Der Schrein sorgt immer dann für Schlagzeilen, wenn sich China oder Korea bitter darüber beschweren, dass ihn wieder einmal ein japanischer Premierminister aufgesucht hat, um die Seelen der seit 1853 in verschiedenen Kriegen gefallenen japanischen Soldaten zu ehren.

Denn auch die Geister der Verstorbenen werden zu *kami* und beanspruchen aus dem Jenseits heraus die Aufmerksamkeit und gelegentliche Huldigung durch die Lebenden. Im Yasukuni-Schrein sind das auch diejenigen, die an der Unterwerfung und Kolonialisierung Koreas 1910 und dem Zweiten Weltkrieg teilnahmen, und ebenso diejenigen, die nach dem Zusammenbruch Japans als Kriegsverbrecher hingerichtet wurden. Für die Familien, die damals ihre Söhne, Brüder, Väter und Ehegatten auf weit entfernten Schlachtfeldern verloren haben und denen die Verehrung und das Andenken an ihre Toten schwer gemacht wird, weil es keine Gräber und keine Knochen gibt, ist der Schrein ein besonders wichtiger Bezugspunkt.

Für Japans Nachbarn und ehemalige Opfer aber ist der Yasukuni-Schrein ein weiteres Beispiel dafür, dass die Japaner sich schlicht weigern, ihre Verantwortung für den Krieg und die begangenen Gräueltaten anzuerkennen. Was übrigens stimmt. Lang ist die Liste der japanischen Politiker, die die Verbrechen und Massaker, die die kaiserliche Armee beging, rundherum verneinen – und trotzdem im Amt blieben. Japans Schulbücher drucksen sich in peinlicher Weise um diese Zeit herum, handeln die grausamen Kriegsjahre in China und auf vielen anderen asiatischen Schlachtfeldern mit zwei Zeilen ab, widmen aber den Atombomben zwei Seiten. Und so ignorieren Japans Regierungschefs regelmäßig den lautstarken Protest aus Seoul und Peking und pilgern zum Yasukuni-Schrein, als wäre nichts gewesen. Wohl um die vielen konservativen Wähler bei der Stange zu halten und zu beweisen, dass Japan sich für nichts schämen und entschuldigen muss.

möchten. Anschließend geht die Brasse auf eine Reise durch das Dorf. Dazu singen die Fischersleute lauthals alte Lieder romantischen und gerne auch derben Inhalts und halten alle 100 Meter an, um zu pausieren und sich mit Bier und Sake bei Stimmung zu halten. Am Abend wird, aus Gründen, die niemand so recht erklären kann, beschlossen, die rote Brasse schwarz zu übermalen und am nächsten Tag rammt man dann die Brasse unter großem Hallo in ein eigens dafür errichtetes *toori* und zerstört sie.

5. Die gefährlichste Talfahrt erleben nicht jedes Jahr, sondern nur alle sechs Jahre die Männer in Suwa, Präfektur Nagano. Dann reiten sie nämlich auf einem 20 Meter langen Baumstamm einen mörderischen Hang hinunter. Die Vorbereitungen für dieses Fest sind wohl die aufwändigsten, denn schon lange vorher werden weit oben in den Bergen insgesamt 16 der größten Tannen ausgesucht und zum Fällen markiert. Später werden sie aufgerichtet am Schrein von Suwa stehen. Wenn die Festtage nahen, werden die Stämme einer nach dem anderen talwärts gezogen bis zu dem Hang und dort, bezeugt von jeweils mehr als einer Million Zuschauern, ins Rutschen gebracht. Knochenbrüche und Schlimmeres sind bei diesem Todesritt durchaus zu erwarten.

Toori – ein für uns leichtes Wort, denn es heißt Tor. *Toori* markieren den Eingang zu einem Shinto-Schrein. Sie sind neben dem Fuji vielleicht die bekanntesten Symbole Japans. Es gibt sie in vier Variationen und drei Baustoffen: Holz, Stein oder Eisen. **1** Vielleicht das berühmteste ist das *toori* von Miyajima. **2** Oft stehen die Schreine in den modernen Wohnvierteln. **3** An den heißen Quellen von Beppu. **4** Jeder Stein, Baum, Bach kann im Shinto-Glauben ein *kami* sein. **5** Mächtig: das *toori* am Eingang zum Meiji-Schrein. **6** Kleiner Dorfschrein in Nagano.

Der Tanz mit den Laternen ...

... und brennenden Kerzen

Jedes Jahr Anfang August ist die Zeit des *kanto-matsuri* in Akita. Sie ahnen es bereits: Es ist eines der drei großen *matsuri* des nördlichen Japans. Das Wort *kanto* bezeichnet einen zwölf bis 16 Meter hohen und 50 bis 60 Kilogramm schweren Laternenbaum, an dem jeweils 24 bis 46 Papierlaternen hängen, in denen Kerzen (!) brennen.

Es gibt einige Theorien und Erklärungen für den sonderbaren Drang, der die Menschen in Akita jedes Jahr um diese Zeit befällt, nämlich diese Laternenbäume mit den brennenden Kerzen (!) massenhaft durch ihre Stadt zu tragen. Manche Quellen sprechen davon, dass dieser Brauch als eine Art Läuterungsritual begann: Man wollte sich der Erschöpfung des heißen Sommers und seiner während dieser Zeit angesammelten Sünden durch eine gepflegte Straßenparade entledigen. Das wurde zunächst mit mäßigem Erfolg unter Verwendung belaubter Äste versucht. Als aber im 15. Jahrhundert die Kerzen ins Land kamen, gelangte man zu dem Schluss, dass diese sich sicherlich auch gut für diesen Zweck eignen würden. Zumal man zu solchen Anlässen auch immer die Götter darum bat, den Menschen Krankheiten und Unglücke zu ersparen. Auch werden im August seit alter Zeit die Seelen der Verstorbenen angerufen *(o-bon)*, wofür sich Kerzen ebenfalls gut eignen. Und wie jedes *matsuri* beinhaltet auch diese Veranstaltung die Bitte um eine gute Ernte.

Ehrlich gesagt werde ich aus alledem auch nicht wirklich klug, aber ich habe gelernt, dass man in Japan und besonders in Bezug auf seine *matsuris* nicht zu viele Fragen stellen sollte, denn man bringt damit die Menschen leicht in Verlegenheit. Das ist einfach so und das wird eben so gemacht. Basta. Das haben unsere Großväter und Väter schon so gehalten und uns macht es einen Heidenspaß und den Kindern auch – also machen wir das eben so. Das hingegen ist eine Erklärung, mit der ich gut leben kann, zumal sie den Beteiligten auch völlig ausreicht.

Beim *matsuri* wird jeder Bezirk mit seinen eigenen, unverkennbaren Kostümen *(happi)* auftreten, und mit den Laternenbäumen und den Kunststücken, die die Teilnehmer damit vollführen, wollen sie Ruhm und Ehre für ihren Stadtteil ernten. Das Fest beginnt, wiederum wie jedes *matsuri*, früh morgens am Schrein, wo der Shinto-

1 Manche Laternenbäume scheinen Beine zu haben. **2** Balanceakt – auf Hüften, Schultern und Stirnpartien tanzen die Laternenbäume. **3** Letzter prüfender Blick: Sitzt das Stirnband auch richtig? **4** Jeder Bezirk hat seinen eigenen Laternenbaum.

Priester die Teilnehmer mit seinem mit weißen Papierschlangen behängten Zeremonienstab segnet und die Götter darum bittet, dass auch diesmal wieder niemand ernsthaft zu Schaden kommen, sein Augenlicht, seine körperliche Unversehrtheit oder sein Leben verlieren möge.

Den Rest des Tages verbringen die Laternenhelden damit, ihre Laternen zusammenzupacken, reichlich Bier und diverse gebratene Leckerbissen zu sich zu nehmen. Dieses *matsuri* ist wie alle anderen auch ein Fest für Jung und Alt, und es ist immer wieder rührend zu sehen, wie sehr alle um die Kinder bemüht sind. Denn jeder weiß, dass sie die Zukunft dieser Feste sind, und sie sollen das *matsuri* besonders genießen und die Tradition einmal weiterführen. Das wirkt – selbst die coolsten Jugendlichen mit gefärbten Haaren und Nasenringen lassen sich davon vereinnahmen. Familienmitglieder, die in ferne Großstädte abgewandert sind, kommen zum *matsuri* in ihre Heimat zurück und lassen sich mitreißen, als wären sie nie fortgegangen.

Am späten Nachmittag brechen die Laternenträger auf in Richtung Innenstadt, wo bald nach Sonnenuntergang das Spektakel beginnt. Auf den Tribünen entlang der Hauptstraße haben sich bereits mehrere hunderttausend Gäste aus allen Landesteilen eingefunden,

wenn in langer Prozession und zur für *matsuris* üblichen, aufpeitschenden Flöten- und Trommelmusik die einzelnen Bezirke mit ihren *kanto* aufmarschieren. Und dann werden sie aufgerichtet – 100 Laternenbäume wachsen gleichzeitig und unter dem Jubel der Menge in den Nachthimmel. Das hätte mir persönlich schon als Spektakel gereicht. Aber nun hüpfen und springen und tanzen die jungen Männer aus purem Übermut mit ihren riesigen Laternenbäumen durch die Straßen, fügen noch ein Segment und noch eines ein, lassen die Bäume immer höher wachsen, bis die ganze Konstruktion sich biegt und – mit all den Papierlaternen und den brennenden Kerzen! – einen halsbrecherischen Bogen beschreibt. Sie überreichen einander die *kanto*. Und jeder bekommt Gelegenheit, seine Geschicklichkeit und Tapferkeit zu beweisen.

Das alleine wäre schon bedenklich genug, aber nun beginnt erst der eigentliche Spaß: Die Laternenträger balancieren die schwere Last auch noch spielerisch auf der Hüfte, der Schulter und manchmal sogar auf der Stirn. Dann tanzen die Vertreter der rivalisierenden Bezirke umeinander herum, was unweigerlich früher oder spä-

1 Hunderte Laternenbäume werden abends auf die Hauptstraße getragen. **2** Das *matsuri* beginnt mit dem Segen des Shinto-Priesters.
3 Wenn die Bäume fallen, ist der Jubel groß. **4** Ein Fest für Jung und Alt.

Bambus für alle Lebenslagen

Die Vorbereitungen für das *kanto-matsuri* beginnen Jahre vorher damit, dass jede Gemeinde ihre Bambusstangen aussucht und präpariert. Es eignen sich dafür nur Stangen der Sorte Madake *(Phyllostachis bambusoides),* die drei Jahre alt und in Abständen von etwa 22 Zentimetern segmentiert sein müssen. Von 300 Stämmen taugt nur einer als *Kanto*-Stab.
In Japan sind – wild oder kultiviert – zwischen 400 und 500 der weltweit über 1000 bekannten Bambusarten heimisch und seit grauer Vorzeit werden sie zur Herstellung von

Gebrauchsgegenständen und zu dekorativen Zwecken benutzt. Der bis zu 20 Meter hohe Typ *madake* eignet sich außer für Laternenmasten auch gut für die japanische Flöte, die berühmte *shakuhachi,* und gibt dem Instrument einen unvergleichlichen, schwermütigen Klang. Die kleineren Arten werden gerne zu Gehstöcken oder Angelruten verarbeitet – und natürlich zu den berüchtigten Wäschestangen. Aber auch Körbe, Regenschirmskelette und Essstäbchen, Ikebana-Vasen und bestimmtes Teezeremonie-Zubehör werden aus Bambus gefertigt.
Der sorgfältig ausgewählte Stamm für die Laternenbäume muss dann an einem trockenen Ort (meist in der Garage des Bezirksvorstands) zwei bis drei Jahre liegen und reifen und am Schluss über dem Feuer gehärtet werden. All das wissen die Stadtteil- und Gemeindeverbände von Akita, deren Laternenbäume ihr ganzer Stolz sind.

ter dazu führt, dass einer oder gleich mehrere *kanto* – mitsamt den großen Papierlaternen und den brennenden Kerzen! – zusammenkrachen und umfallen.

Anstatt (wie ich) um sein Leben zu fürchten, kreischt, applaudiert und quietscht das Publikum vor Vergnügen, obwohl es vor den herabstürzenden Laternenlawinen (und den brennenden Kerzen!) lediglich durch dünne Stoppseile geschützt ist.

Japan, das immerhin glaube ich begriffen zu haben, braucht und genießt diese kleinen und großen Ausbrüche von unbändiger Lebenslust, von Gefahr, Rausch und Nervenkitzel. Sie geben diesem Volk sein Gleichgewicht.

Und wer einmal mit bangem Herzen unter den schwankenden Laternen in Akita gesessen hat, der weiß, wie wichtig Gleichgewicht ist ...

Zen und die Suche nach Freiheit
Besuch im Kloster Eiheiji

Der Tempel des ewigen Friedens – Eiheiji. Kann es einen schöneren Namen für einen Ort geben? Eiheiji ist ein buddhistisches Kloster. Vor über 750 Jahren gegründet liegt es in den Bergen der Präfektur Fukui, eingerahmt von steilen, zedernbestandenen Hängen, 70 Gebäude insgesamt, eine kleine Stadt für sich. Und ein Raumschiff der Einkehr. Eiheiji ist Japans berühmtestes Zen-Kloster, das Hauptquartier der *Soto*-Schule jener Zen-Anhänger, die in der Sitzmeditation (*zazen*) die Erleuchtung suchen. Die andere Schule, die *Rinzai*-Sekte, glaubt an die erleuchtende Wirkung unlösbarer Rätsel.

Zen war zu Beginn der so genannten Kamakura-Zeit (1185–1333), als die ersten Shogune ihre Herrschaft in der Stadt am Meer südlich von Tokyo etablierten, die Leitphilosophie der Kriegerklasse, deren Idealen die streng ritualisierte, asketische und schnörkellose Tugendhaftigkeit entgegenkam. Zen prägte die japanische Ästhetik vom Gartenbau über die Kalligraphie bis zur Teezeremonie. Und manchem zivilisationsmüden Aussteiger in Europa und Amerika erscheint es wie das Versprechen, endlich Sinn und Bedeutung in einer immer hektischeren und unübersichtlicheren Welt zu finden. Ausländer sind in Eiheiji als Zen-Schüler willkommen. Sie belegen meist nur Kurzseminare, denn kaum einen treibt seine Sinnsuche so weit, dass er sich für Monate oder gar Jahre den strengen Klosterregeln unterwerfen würde. Die Ausbildung der Zen-Mönche, die nach uralten Regeln abläuft, dient der Loslösung von den fünf menschlichen Wünschen: Eigentum, Sex, Nahrung, Ansehen und Schlaf.

Wer all das hinter sich lassen will, der wird versuchen in Eiheiji zugelassen zu werden. Und allein das setzt ein hohes Maß an Entschlossenheit und Leidensfähigkeit voraus, denn die Ankömmlinge warten leicht bekleidet oft stundenlang in der Kälte, werden immer wieder abgewiesen und zurechtgestutzt. Damit werden ihre Motive und ihre Eignung getestet. Wer nicht für würdig befunden wird, der muss gehen.

Doch wer diese erste Prüfung besteht, der verbringt die nächsten Tage bis Wochen im Lotossitz beim *zazen,* der Sitzmeditation. Die Novizen sitzen von frühmorgens bis abends regungslos vor der Wand und versuchen an nichts zu denken. Im späteren Klosterall-

1 Frühstück im Kloster – es gibt Reisbrei mit eingelegtem Gemüse.
2 Im Winter zieht die Kälte schauerlich durch die luftigen Klostergänge.
3 Dennoch gehen die Mönche barfuß … 4 … beim großen allmorgendlichen Reinemachen.

1 Der Boden muss blitzblank glänzen. 2 *Zazen* – wer Müdigkeit erkennen lässt, bekommt den Prügel zu spüren. 3 Ihr Essbesteck und ihre Kleider sind die einzigen persönlichen Besitztümer der Mönche.
4 Auch Fenster und Wände werden auf Hochglanz poliert. 5 Morgenandacht in der großen Gebetshalle.

tag gibt es dann nur noch zwei *Zazen*-Sitzungen, morgens nach dem Wecken (im Sommer um 3.30 Uhr, im Winter um 4.30 Uhr) und abends. Im Winter bei nicht viel mehr als zehn Grad Celsius. Hinter den Meditierenden geht ein Klosterbruder mit einem Prügel auf und ab. Und wer Anzeichen von Müdigkeit erkennen lässt, bekommt einen schallenden, sicherlich nicht ganz schmerzfreien Hieb auf die Schulter. Durch die völlige gedankliche Entleerung, das Konzentrieren auf das Nichts soll der Geist befreit werden von allen irdischen Fragen, Sorgen und Ablenkungen und schließlich zur Erleuchtung finden.

Demselben Ziel dienen die Gebetsstunden, in denen stundenlang die alten buddhistischen Sanskrit-Texte rezitiert werden. Ein monotoner, feierlicher Chor betäubt den Geist in einem wohligen Nebel fremder Worte und Laute. Diese Gebete werden für das Wohlergehen der ganzen Menschheit und vor allem derjenigen gesprochen, die sich durch Spenden und Zuwendungen an die Klosterkasse hervorgetan haben. Es ist eine buddhistische Eigenart,

dass man sich von der Verpflichtung, selbst zu beten, in gewissem Maße loskaufen kann, indem man die Mönche dafür bezahlt. Das ist weder zynisch noch unreligiös – es ist einfach üblich und auch aus der Sicht der Mönche, die schließlich auch essen, sich kleiden und ihr Kloster in Schuss halten wollen, mehr als verständlich. In Eiheiji geben sie unumwunden zu, dass sie sich kaum halten könnten, wäre ihr Kloster nicht eine der großen Touristenattraktionen von Fukui und lockte nicht jedes Jahr gut eine Million zahlende Besucher an (die freilich vom wahren Alltag des Klosters wenig mitbekommen und lediglich durch seine weitläufigen Gänge spazieren dürfen).

Erst nach *zazen* und Morgengebet wird das Frühstück serviert. Alle Mahlzeiten sind natürlich vegetarisch. Reis und Eingelegtes, ohne Gewürze, lediglich ein bisschen Salz und Sesam sind erlaubt. Mittags gibt es Suppe aus *miso* (Sojabohnenpaste) und gebratenen Tofu – an Tagen, die auf 4 oder 9 enden, auch noch kleine Kartoffeln. Zudem ist den Mönchen an diesen Tagen auch ein Bad und eine Kopfrasur erlaubt. Karotten, Knoblauch und Lauch wecken unkeusche Wünsche und dürfen deshalb nicht verzehrt werden.

Jeder Mönch breitet sein Bündel mit Essbesteck – das ist, abgesehen von der Kleidung, sein einziger persönlicher Besitz – vor sich aus und nimmt die Mahlzeit langsam und feierlich ein.

Sobald sie sich gestärkt haben, werden die Mönche, es sind übrigens gut 200, entgegen ihrer sonstigen in sich gekehrten, ruhigen Art für etwa eine Stunde geschäftig. Jeder bekommt einen Putzlappen und es beginnt das große Reinemachen. Kein Fussel, kein Staubkorn darf liegen bleiben. Fenster, Balken, der eiskalte Holzboden, über den sie mit bloßen Füßen eilen – alles wird gewischt und gewienert, bis es glänzt. Auch und gerade das Putzen ist eine hohe spirituelle Übung. Die Mönche reinigen damit auch sich selbst, ihre Gedanken, ihren Geist. Ein Tag ohne Arbeit ist ein Tag ohne Essen, lautet eine althergebrachte, nicht unbedingt allein buddhistische Weisheit. – Der Klostertag endet schließlich um 21.00 Uhr. Die Mönche legen sich zur Ruhe auf ihre rechte Seite, dem Buddha zugewandt.

So suchen sie, Tag für Tag und manchmal jahrelang, den Zustand der Erleuchtung, das *satori*: die Abwesenheit aller Wünsche, Sehnsüchte und Sinnkrisen, allen Ehrgeizes, aller Eitelkeit und aller Fragen. Sie suchen und manche finden – und ist das nun auch wieder eines der vielen Paradoxe und Rätsel in diesem unbekannten Land? – in einem Leben, das aus nichts als unumstößlichen Regeln und Verboten, festen und jahrhundertealten Gesetzen und Lehrplänen besteht, nichts anderes als die Freiheit.

Gaijin, kommst du nach Japan ...

Kleine Gebrauchsanweisung für Japan

Das Bezaubernde an Japan ist, dass wir Ausländer (gaijin), sobald wir die Passkontrolle und den Zoll hinter uns gelassen haben, im Grunde absolute Narrenfreiheit genießen, weil die Mehrheit der hier heimischen Bevölkerung uns ohnehin im Stillen als unverbesserliche Grobiane (um nicht zu sagen: manierenlose Volltrottel) ansieht. Das liegt zum einen daran, dass sich manche von uns tatsächlich genau so aufführen, und zum anderen daran, dass auch die, die guten Willens sind, es oft eben nicht besser wissen. Das ist aber nicht so schlimm.

Aus leidvoller Erfahrung klug geworden vergeben Japaner sittenwidriges Benehmen schneller als andere. Wobei ich hier grob sittenwidriges und unverschämtes Benehmen ausdrücklich ausnehme! Wer einmal durch ausfallendes, überhebliches oder arrogantes Verhalten das Gesicht verloren hat, wird nie wieder einen Fuß auf den Boden bekommen. Nie!

Man wird es ihm natürlich nicht offen sagen. Aber wer die Zeichen lesen kann, der versteht ...

nicht mit Ihren Freunden herum, als gehöre die Welt Ihnen allein. Knutschen Sie, wenn Sie zu zweit sind, niemals in der Öffentlichkeit!

Versuchen Sie erst gar nicht (außer, Sie haben Anlass, sich wirklich heftig zu entschuldigen) das korrekte Verbeugen zu lernen. Selbst wenn Sie es gelernt haben (was sehr, sehr schwierig ist und manchmal wehtut) werden Sie sich oft vor der ausgestreckten Hand ihres japanischen Gegenübers verbeugen – das ist sehr peinlich. Grüßen Sie nicht überschwänglich zurück, wenn sich die adrett uniformierten Mädchen im Warenhaus vor Ihnen verbeugen. Tun Sie vielmehr so, als hätten Sie es nicht anders erwartet und als sei diese für Sie ungewohnt freundschaftliche Begrüßung ganz normal. Sie ist es nämlich tatsächlich und drückt nichts aus, außer die freudige Erwartung, dass Sie hier Ihr Geld ausgeben.

Haben Sie kein Mitleid mit alten Menschen in Uniform, die sich vor Ihnen verbeugen, wenn eine Baustelle im Weg ist. Diese Leute tun lediglich ihre Arbeit und sind stolz darauf. Wenn Sie ihnen einen Gefallen tun wollen, dann stürzen Sie nicht in die Baugrube.

Betreten Sie Japan niemals in Schnürstiefeln, weil Sie bekanntlich ständig die Schuhe ausziehen müssen (und fragen Sie sich nach der Heimkehr selbstkritisch, ob diese angenehme und säuberliche Sitte

Andererseits: Für Fehler, die wir ja alle bekanntlich mal machen, haben die Japaner großes Verständnis. Aber aktives Verzeihen setzt eine aktive Entschuldigung voraus. Scham ist vielleicht die stärkste Gefühlsregung in diesem Land, und kein Japaner wird eine ehrliche Entschuldigung zurückweisen, wenn sie mit dem gebotenen Maß an Zerknirschung und Reue sowie einer Verbeugung im rechten Winkel vorgetragen wird. Und dann ist das Maß an und die Bereitschaft für Vergebung größer als in jedem anderen Land, das ich kenne. Unzählige Gerichtsverfahren, Festnahmen, Faustkämpfe und etliche Morde finden in Japan allein deswegen nicht statt, weil sich jemand ordentlich entschuldigt hat.

Im Allgemeinen fahren Sie gut und regelkonform, wenn Sie nur versuchen, sich nicht wie ein typischer Amerikaner – für die wir hier automatisch alle gehalten werden – zu benehmen. Das heißt: Beglücken Sie nicht den gesamten U-Bahn-Waggon mit Ihrer Unterhaltung. In den Bahnen geht es, abgesehen von den Lautsprecherdurchsagen, immer sehr still zu. Klopfen Sie auch nicht wildfremden Menschen gönnerhaft auf die Schulter und stehen Sie

nicht auch bei uns eingeführt werden sollte). Achten Sie darauf, dass Ihre Socken keine Löcher haben und denken Sie gegebenenfalls über die Benutzung von Fußdeodorant nach.

Bringen Sie Geschenke mit! Viele! Für jeden! Machen Sie niemals einen Besuch ohne ein Geschenk. Aber keine Blumen und kein Porzellan, lieber was zum Knabbern. Eine Kleinigkeit reicht – aber zeigen Sie, dass Sie ein netter, fürsorglicher Mensch sind! Unternehmen Sie keine Reise im Land, ohne Ihrer Gastfamilie, Ihren Freunden oder Geschäftspartnern eine Spezialität (okashi – Naschwerk, Knabberzeug oder sauer Eingelegtes) von dort mitzubringen.

1 Als gaijin fällt man auch im dichtesten Menschengedränge immer auf – egal ob mit Pudelmütze oder ohne. **2** Es ist rührend, wie die Japaner um die ausländischen Gäste bemüht sind. **3** Das oberste Gebot lautet: Schuhe ausziehen bei jedem Besuch. **4** Tokyo ist die Stadt der 10 000 Taxis. **5** Verwirrend – das Bedienungsbord einer modernen japanischen Toilette.

Nehmen Sie Visitenkarten, die Ihnen überreicht werden, mit beiden Händen entgegen, heben Sie sie leicht an und studieren Sie sie kurz mit einem Blick, als handele es sich um einen Scheck über 10 000 Euro. Wenn ein Tisch vor Ihnen steht und Sie es mit mehreren Personen zu tun haben, legen Sie die Karten entsprechend der Sitzordnung Ihrer Gesprächspartner vor sich. Überreichen auch Sie Ihre Visitenkarte mit beiden Händen und sagen Sie »Yoróshku onegáishimas«.

Vorsicht beim Abendessen: Japans Biergläser sind mikroskopisch klein. Das hat Methode. Ständig muss nachgeschenkt werden. Wenn Ihr Gastgeber Ihnen nachschenkt, heben Sie Ihr Glas leicht an und bedanken sich wenigstens mit einem Kopfnicken oder einem beifälligen Grunzen. Wenn sein Glas leer ist, schenken Sie ihm nach! Schenken Sie sich niemals selbst ein!

Pflanzen Sie nie und unter keinen Umständen und auch nicht, wenn es rein optisch dazu einlädt, ihre Essstäbchen nach der Mahlzeit in den übrig gebliebenen Reis!

Werden Sie nie und unter keinen Umständen ungeduldig oder sogar laut, wenn etwas nicht nach Ihrer Nase geht. Auch, wenn Sie sich im Recht fühlen und vielleicht sogar im Recht sind. Auch wenn das (was immer es sein mag) bei Ihnen zu Hause genau so und nicht anders funktioniert. Auch wenn Sie es – was immer von Ihnen verlangt wird – für überflüssig und lächerlich halten. Atmen Sie tief durch und denken Sie an etwas Schönes. Versuchen Sie zu lächeln – auch wenn Sie dabei aussehen wie ein Krokodil, dessen Magengeschwür aufplatzen will.

Rufen Sie im Restaurant nicht nach dem Kellner, wenn Sie bezahlen wollen. Sie haben die Rechnung unweigerlich irgendwo auf Ihrem Tisch und sie wird an der Kasse beglichen (beim Drehsushi werden die Teller gezählt).

Vergessen Sie alles, was Sie jemals über Trinkgeld gelernt haben – hier gibt es das nicht. Nicht im Restaurant, nicht im Taxi, nicht im Hotel. Einzige mir bekannte Ausnahme: Geishas – die bekommen ein fürstliches Trinkgeld! Erheben Sie sich vom Restauranttisch mit den Worten »Gotschsoosamadeschta!« Das macht einen guten Eindruck.

Sagen Sie ständig »Doomo«, das bedeutet so viel wie »vielmals« oder auch »danke« und wird ein günstiges Licht auf Sie werfen.

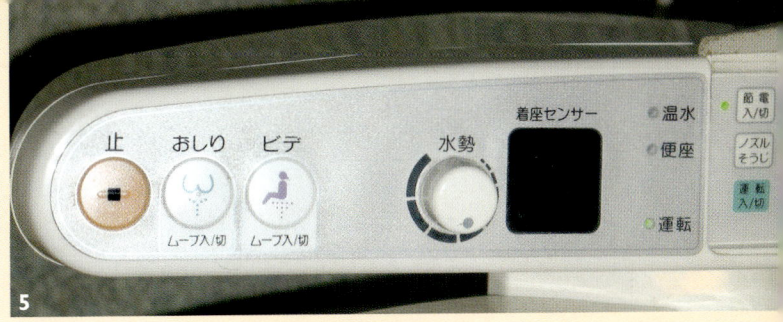

Was noch?

Die Toiletten!
Wer Südeuropa bereist hat, wird vor den japanischen Hocktoiletten keine übermäßige Scheu empfinden. Eher vielleicht vor den vielen Reglern und Knöpfen und Armaturen des modernen japanischen Sitzklos. Nicht einmal die NASA hat Vergleichbares zustande gebracht. Vorsicht: nichts anfassen! Keine Knöpfe drücken, wenn Sie nicht lesen können, was Sie damit bewirken! Sonst werden Sie jäh von einem gezielten, temperierten Wasserstrahl erwischt und wissen im schlimmsten Fall nicht, wie Sie ihn wieder abstellen können. Die findigen Ingenieure dieses Landes haben das integrierte Bidet erfunden und warum dafür noch keiner einen internationalen Preis gewonnen hat, ist mir schleierhaft. Die Klositze sind auch beheizt. Ein Vorzug, den niemand je verstehen wird, der es nicht erlebt hat. Warum kaufen wir japanische Autos und Fernseher, aber keine japanischen Klos?

Das Bad!
Hatten wir schon. Schrubben, waschen, spülen und duschen Sie sich weithin sichtbar und ordentlich ab (keine Schaumspuren!), bevor Sie ins Bad steigen. Und schrubben, waschen und duschen Sie sich danach nochmal – nur sicherheitshalber. Legen Sie nicht Badehose/Badeanzug an und kommen Sie nicht auf die Idee, Schmutzwäsche mitzunehmen und im Bad zu reinigen (ich sage das nur, weil es auf den Benimm-Plakaten für ausländische Badegäste, die in jedem besseren öffentlichen Bad ausgehängt sind, ein Thema ist).

Die Nase!
Vermeiden Sie es, sich in der Öffentlichkeit geräuschvoll zu schnäuzen. Dagegen ist es völlig akzeptabel – und dem Vernehmen nach auch viel gesünder –, wenn Sie die Nase hochziehen. Das heißt übrigens auch, dass es als sehr rüde gilt, den Sitznachbarn im Zug oder Flugzeug, der Sie seit zwei Stunden mit seinem Geschniefe in den Wahnsinn treibt, böse anzuschauen oder ihm grimmig ein Taschentuch anzubieten.

Taxis!
Winken Sie nicht wild herum, wenn Sie eines anhalten möchten – die Fahrer sind aufmerksam und erkennen das kleinste Handzeichen. Sie geben durch ein Aufflackern der Warnblinker zu erkennen, dass der Fahrgast bemerkt wurde. Die dem Fahrdamm abgewandte hintere Tür öffnet und schließt sich automatisch. Zwar sind immer mehr Taxis mit Navigationssystem ausgerüstet, aber haben Sie vorsichtshalber eine Übersichtskarte Ihres Zielgebietes parat, besonders, wenn es sich um eine Privatadresse handelt.

Mehr fällt mir beim besten Willen nicht ein.
Und mehr müssen Sie auch nicht wissen.
Sie werden blendend zurechtkommen in Japan.
Nur keine Angst haben!
Neugierig sein und offen!
Nicht nervös werden und nicht ungeduldig werden!
Lächeln!
Mit dem Kopf nicken!
»Doomo« sagen!
Solche scheinbaren Kleinigkeiten eröffnen uns in diesem unbekannten Land eine ganz neue Welt …

Wohin denn nun ...?
Reiseführer zu Japans Top-Ten-Zielen

Wenn ich an dieser Stelle darüber nachdenke, ob ich Ihnen die weite, strapaziöse und vielleicht kostspielige Reise in dieses unbekannte Land wirklich empfehlen sollte, dann komme ich nach langem Abwägen zu dem Schluss: ja, unbedingt! Kommen Sie nach Japan! Kommen Sie schnell und trotz allem. Sie werden sicherlich mit Ausnahme der Tiefsee keinen Ort auf der Welt finden, in dem so vieles so anders ist, als wir es gewohnt sind, und insgesamt doch so angenehm, so reibungslos, so bunt und harmonisch. Kommen Sie, obwohl und gerade weil Japan bis heute weitgehend unbekannt und gar nicht vorbereitet ist auf eine Welle ausländischer Gäste, denn gerade das macht dieses Land so unvergleichlich.

Wir reisen oft in Länder, die seit Jahrzehnten begriffen haben, wie wichtig der Tourismus für eine Volkswirtschaft sein kann. In Japan sickert diese Erkenntnis erst ganz langsam durch. Lange Jahre galt alles, was nicht am Fließband hergestellt und exportiert werden konnte, den japanischen Wirtschaftsstrategen als nebensächlich. Unlängst gaben in einer Umfrage der Präfektur Shizuoka noch 40 Prozent der Hotels an, dass sie lieber auf ausländische Gäste verzichten würden, weil man sich den Herausforderungen nicht gewachsen fühlt. Die Japaner halten sich offenbar selbst für schwierig und wenig vorzeigbar, und sie fürchten die Komplikationen, die beim Zusammentreffen mit Ausländern unweigerlich entstehen, sodass sie lieber unter sich bleiben wollen. Sehen Sie, was ich meine? Japan braucht uns! Aber brauchen wir Japan? Manchmal schon. An der wunderbaren Erfahrung, absolut fremd und ohnmächtig zu sein in einem hochmodernen Land, das an der Oberfläche den westlichen Lebensstil kopiert, in einem Land, das die Pizza, die Mikrowelle und allen sonstigen Komfort unseres Horizonts kennt und genießt – und sich dennoch nicht verständigen zu können, hilflos und ausgeliefert im Taxi zu sitzen (dessen Fahrer üblicherweise auf genaue Instruktionen angewiesen ist – außer Sie wollen zum Bahnhof, zum Flughafen oder zum Kaiserpalast) oder nachts durch blinkende Viertel voller einschüchternder Schriftzeichen zu irren – an dieser Erfahrung reifen

wir und werden zu besseren Menschen. Wer nicht in der Lage ist, die Speisekarte zu entziffern oder sich mit dem Mann an der Rezeption auch nur auf das Wort für »Frühstücksbuffet« zu einigen, der begreift, dass es in dieser gnadenlos globalisierten Welt tatsächlich noch kostbare Inseln der Andersartigkeit gibt, kleine gallische Dörfer sozusagen. Und die meisten davon findet man heute in Japan.

Vielleicht werden Sie sich verloren fühlen – aber Sie sind nicht allein. Man wird sich Ihrer annehmen, Ihnen Hilfe anbieten, Sie wenn nötig zu Fuß zehn Blocks ins Hotel begleiten oder mit dem Auto hinfahren, wenn sich herausstellt, dass das Hotel, das Sie suchen, in einem anderen Stadtteil liegt. Viele Japaner wissen viel zu gut, wie es ist, wenn man ohne Sprach- und Ortskenntnis im Ausland gestrandet ist. Und Sie werden selten länger als zehn Sekunden mit ratlosem Blick vor einem öffentlichen Stadtplan in Tokyo zubringen, bis Sie von irgendwoher ein freundliches »May I help you?« hören (wobei dies einige der wenigen weit verbreiteten englischen Worte sind. Wer erzählt, in Japan käme man mühelos mit Englisch durch, war entweder nie hier oder hat Unglaubliches erlebt).

Ich will Ihnen nicht vorschreiben, wohin Sie reisen sollten. Jeder sucht bekanntlich etwas anderes und eingefleischte Japan-Fans werden andere Ziele ansteuern als Neulinge, die oft schon dankbar sind, wenn sie nur durch Tokyo, Kamakura und Nikko wandern und allenfalls noch Kyoto und Nara kennen lernen. Dabei hat dieses Land eine solche Vielfalt zu bieten, dass Jahre nicht ausreichen, es erschöpfend zu erforschen.

Ich möchte hier allerdings ein paar Orte vorschlagen, die ich besucht habe und die mich nie loslassen werden. Andere mögen andere Ort bevorzugen – aber ich habe mich hier wohl gefühlt. Und was Sie auf den Bildern nicht sehen können, sind die wunderbaren Menschen, die ich dort getroffen habe, und das köstliche Essen, mit dem ich verwöhnt wurde. Die herrliche Luft, die ich atmete, und manchmal das Gefühl, etwas Besonderes entdeckt zu haben. Was nun folgt ist meine ganz persönliche Top-Ten-Liste von japanischen Reisezielen:

1. Der Berg Mitoku-san

Unangefochten auf dem Spitzenplatz meiner Top-Ten-Liste der japanischen Ausflugsziele und ein wirklich echter Geheimtipp, den kaum ein aktueller Reiseführer in angemessener Weise erwähnt, ist der Mitoku-san, ein Berg in der Präfektur Tottori. Der als Meditationsklause in den Fels eingelassene Holztempel Nageire-do bietet seit 800 Jahren einen Anblick, den man nie vergisst. Und noch weniger wird man den Aufstieg vergessen, denn wer in früheren Jahrhunderten hierher kam, der wollte seine Ruhe. Selbst im japanischen Reiseführer stand nur lapidar: »Nach einer guten Stunde recht beschwerlichen Aufstiegs erreicht man ...« Beschwerlich heißt in diesem Fall nicht nur steil, sondern teilweise senkrecht bergauf und nicht auf Stufen oder Steinen, sondern sich emporhangelnd im Wurzelwerk alter Bäume. Nach fast anderthalb Stunden Bergtour ohne Geländer, am Schluss über einen hausgroßen Felsen balancierend, neben dem der Abgrund gähnt, erreichen ein durchschnittlich wendiger deutscher Fernsehkorrespondent und seine gar nicht schwindelfreie Cutterin und Gattin das Ziel, unterwegs immer wieder überholt von vergnügten

japanischen Rentnern. Aber diese Strapazen zählen nicht mehr, wenn man oben vor dieser grauen Felswand steht und die unglaubliche Konstruktion dieses Nageire-do über sich sieht und hinter sich die dicht begrünten Berghänge.

2. Der Fluss Shimanto-gawa

Einer der wenigen Flüsse, den die Tokyoter Bürokraten noch nicht in ein Betonkorsett gezwängt oder mit Dämmen vernichtet haben, ist dieser zweitlängste Fluss Shikokus im Südwesten der Präfektur Kochi. Ein sauberes, ruhiges und fischreiches Gewässer, das durch malerische Täler fließt, eingefasst von einem Kieselbett, das an manchen Stellen doppelt so breit ist wie der Wasserlauf. Kleine, weltvergessene Dörfer säumen seine Ufer, Raubvögel kreisen, Mücken tanzen – und nur ab und zu schippert ein Ausflugsboot vorbei. Nach japanischen Maßstäben das reinste Naturparadies.

3. Die Halbinsel Izu

Nur zwei Autostunden südwestlich von Tokyo findet man sich unverhofft an den abenteuerlichsten Felsenküsten und in den verträumtesten Sandbuchten. Wer um Atami einen Bogen macht und sich südwärts hält, erreicht nach 50 Kilometern das Städtchen Shimoda, das jedem Japaner ein Begriff ist: Hier erschienen im Juli 1853 die berüchtigten »Schwarzen Schiffe« des amerikani-

1 Taxifahrer brauchen detaillierte Anweisungen. 2 Der Nageire-do, ein Tempel wie ein Adlerhorst. 3 Japans schönste Küste – die Felsengestade von Izu. 4 Naturbelassen ist der Fluss Shimanto-gawa in Kyushu.

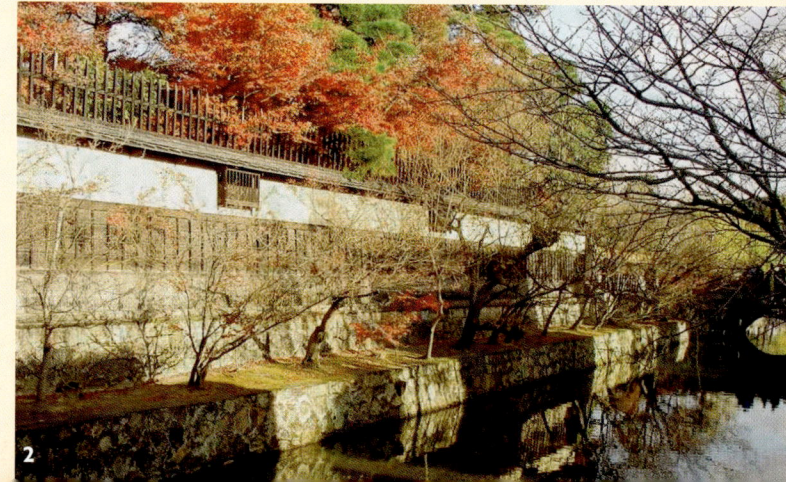

schen Commodore Perry, der den Shogun unter Gewaltandrohung zwang, seine Abschließungspolitik aufzugeben. Shimoda wurde (zusammen mit der Stadt Hakodate in Hokkaido) der erste japanische Hafen, in dem sich Ausländer Landerechte und eine eigene Vertretung sicherten. Bis zu diesem Zeitpunkt war es lediglich einigen Holländern erlaubt gewesen, auf einer künstlichen Insel im Hafen von Nagasaki zu hausen. Südlich von Shimoda, einer verschlafenen Kleinstadt, die außer einem Perry-Denkmal am Hafen und einer kleinen Gasse mit alten Häusern kaum Spuren ihrer historischen Bedeutung aufweist, schlängeln sich Wanderwege entlang der Felsen, an denen sich mit Tosen die Brandung des Pazifiks bricht. Apropos schlängeln: Auf die Begegnung mit Schlangen sollte man hier vorbereitet sein. Die herrlichsten und auf den meisten Sento-Wänden verewigten Blicke auf den Fuji erhascht man übrigens an der Westküste der Halbinsel.

4. Die Schlucht Takachiho

Der Überlieferung nach soll sich hier in den Bergen der heutigen Präfektur Miyazaki auf Kyushu einst die Sonnengöttin Amaterasu Omikami in einer Höhle versteckt haben. Und während sie verschwunden war, fiel Nacht über die Welt. Vielleicht ein Verweis auf die Entstehung dieser dramatischen Schlucht (Abb. S. 180/181), die in Folge eines mächtigen Ausbruchs des Vulkans Aso vor 30 000 Jahren entstand. Der Ort ist tief mit den japanischen Mythen verwachsen, ein Tummelplatz der Götter und Geister. Fünf Kilometer lang ist die enge Schlucht der bemoosten Felsen, durchbraust von einem wilden Gebirgsfluss, in den sich am unteren Ende (oder am oberen, je nachdem von wo man sich nähert) ein Wasserfall ergießt. Jeden Abend bringen Bauern und Laienspieler aus der Gegend am Schrein oben auf dem Berg einen Göttertanz mit Masken (kagura) auf die Bühne, in welchem die Legende der Sonnengöttin erzählt wird. Sie verkroch sich, angewidert von dem wilden Treiben ihres Bruders Susanoo Mikoto, in die Höhle und kam erst wieder hervor, als die Götter sie mit einem Trick überlisteten: Sie kicherten und lachten draußen vor dem Eingang und das machte die Sonnengöttin neugierig. Japans Götter waren demnach immer schon an Spaß und Unterhaltung interessiert und sie sind es auch heute noch.

5. Der Hafen Kurashiki

Die der Inlandsee zugewandte Seite Honshus ist zwischen dem Ballungsraum Osaka/Kobe bis hinunter nach Hiroshima zum größten Teil eine abstoßende Mondlandschaft kleiner Industrieflecken, gespickt mit Schornsteinen und Mineralöltanks, die sich überall dort breit gemacht haben, wo es die steilen Hügel und Berge das zulassen. Und wer hineinfährt in die Stadt Kurashiki in der Präfektur Okayama, der wird sich vermutlich fragen, ob es tatsächlich klug war, die Autobahn zu verlassen. Heute ist dem Ort (450 000 Einwohner) kaum noch anzusehen, dass er im Mittelalter und in der Meiji-Zeit ein bedeutendes Handelszentrum namentlich der Textilindustrie war. Bevor die Waren per Küstenschiff weiter in das größte Handelszentrum, Osaka, gebracht wurden, lagerten sie in Speichern entlang eines Kanals. Ähnlich wie in Takayama ist die Altstadt zwar auf zwei, drei Straßenzüge begrenzt – aber sehenswert ist sie allemal. Besonders für Kunstinteressierte, denn viele der alten Speicherhäuser sind ausgebaut zu modernen Museen.

6. Das Dorf Shirakawago

Es ist viel gepriesen und auf unzähligen Fotos in Reisekatalogen und auf Postern in Fremdenverkehrsbüros idealisiert: die höchste Konzentration von Bauernhäusern, die noch einen Hauch des

Bauernlebens bewahrt haben, der einst diese Inseln prägte. Hochgiebelige, reetgedeckte Häuser – und tatsächlich viele davon. Ich weiß nicht, ob ich es originell oder nachlässig finden soll, dass selbst hier, an diesem weltbekannten Reiseziel und Weltkulturerbe, die grässlichen Strommasten und Elektrodrähte jede Illusion von historischer Wahrhaftigkeit zunichte machen. Und dass sich zwischen den lauschigen Bauernhäusern aus alter Zeit heute die üblichen, manchmal vergammelten, mit Wellblech verschandelten Höfe mit ihren unvermeidlichen rostigen Autowracks befinden. Denn immerhin: Viele der Häuser sind tatsächlich noch von leibhaftigen Bauern bewohnt und das Dorf ist kein reines Volkskundemuseum. Shirakawago ist nicht gerade leicht zu erreichen, von Takayama aus noch gut anderthalb Stunden mit dem Auto. Im Winter kommt man wegen der Schneefälle so gut wie gar nicht durch, im Sommer ist es ein quirliger Rummelplatz der Bustouristen, der wieder einmal beweist: Die Japaner sehnen sich nach Anblicken und Erfahrungen ihrer eigenen Geschichte. Ein Jammer, dass es so wenig davon gibt.

7. Die Stadt Takayama

Wie an anderer Stelle bereits erwähnt, geht man in Japan nicht eben pfleglich mit historischen Gebäuden um. Was alt ist, kostet Geld, muss aufwändig renoviert werden und ist danach immer noch erschreckend alt und oft unbequem und wird grundsätzlich als rückständig und überholt empfunden. Deswegen gibt es landesweit nur wenige originalgetreu erhaltene (und wenn ich originalgetreu sage, dann meine ich: Übersehen Sie einfach die Halteverbotsschilder und die Cola-Automaten) Straßenzüge, und

die beiden denkmalgeschützten Gassen von Takayama gehören unbedingt dazu. Wer allerdings annimmt, dass die Häuser heute etwas anderes wären als Geschenkboutiquen, Restaurants und touristenfreundliche Sake-Brauereien, der versteht nichts von japanischem Tourismus. Zur Rushhour in den Hauptreisezeiten wird man in den engen Gassen zwischen Reisegruppen aus dem ganzen Land kaum einen Fuß auf die Erde bekommen. Und: Der japanische Binnentourismus ist rege und geräuschvoll. Kommen Sie und sehen Sie sich das an! Aber kommen Sie außerhalb der Geschäftszeiten!

8. Das Museum Meiji-Mura

Nagoya ist eine riesige Stadt, die bei Nacht und aus der Luft phantastisch aussieht, aber nach meinen Erfahrungen bei Tag und zu Fuß eher gesichtslos wirkt. Aber ich muss gestehen, dass ich mich erstens nie länger als nötig in Nagoya aufgehalten habe und zweitens so ziemlich alle großen Städte Japans eher gesichtslos erscheinen. Umso erholsamer ist ein Ausflug in das benachbarte Städtchen Inuyama, denn dort befindet sich eines der erstaunlichsten Freilichtmuseen des Landes, das Meiji-Dorf (*meiji-mura*). Wer etwas über die japanische Geschichte der Neuzeit, ihre Verirrungen und Erfolge erfahren will, der sollte mindestens einen ganzen Tag in den über 60 Gebäuden verbringen, die auf dem 100 Hektar großen Gelände originalgetreu wiederaufge-

1 Die Schlucht von Takachiho. **2** Herbst in der Speicherstadt Kurashiki. **3** Liebevoll restaurierte Gebäude aus dem ganzen Land sind im *meiji-mura* zu bewundern.

baut sind. Banken, Brücken, Fabrikhallen, Hotels, Läden, Krankenhäuser, Regierungsgebäude und eine ausgewachsene Kathedrale. Manche der Gebäude standen bis in die sechziger Jahre des 20. Jahrhunderts irgendwo in Japan, wurden dann Stein für Stein, Brett für Brett zerlegt und hier wieder aufgebaut. Ein Friedhof verpasster städtebaulicher Gelegenheiten, aber auch ein Fest für historisch interessierte Nagoya-Besucher.

9. Der Strand Jodogahama

Japaner machen sich eigentlich nicht viel aus Strandleben und deswegen ist dieser Strand an der Pazifikküste der Präfektur Iwate umso bemerkenswerter. Er besteht aus Kieselsteinen und man blickt auf bizarr geformte, weiße Felsen. Müde plätschern die Wellen an die Gestade und im Wasser tummeln sich Schwimmer und Leute, die an Felsen und unter Steinen irgendwelche leicht verdaulichen Leckerbissen suchen. Von diesem Strand aus führen einige steile und anspruchsvolle Wanderpfade an der zerklüfteten Küste entlang in einsame Buchten. Wobei der Begriff »einsame Bucht« in Japan so definiert ist: Auf jedem freien Platz und auf jedem Felsen sitzt ein Angler. Dieses Volk liebt das Angeln nun mal über alles. Mehr kann ich zum Jodogahama leider nicht sagen, weil meine Aufmerksamkeit größtenteils von einer jungen Frau beansprucht wurde, die ihr Haustier, ein Frettchen, an der Leine hielt und nicht verstehen konnte, warum das blöde Frettchen den Strandausflug nicht genoss, sondern immer wieder in der Badetasche verschwinden wollte. Was die junge

Frau nicht sah, war ein majestätischer Raubvogel, der nachdenklich über dem nervösen Tier seine Kreise zog. Solcherart sind die manchmal höchst unterhaltsamen Begegnungen in diesem abwechslungsreichen Land.

10. Der See Shikaribetsu

Es ist ein vergleichsweise kleiner, fast verwunschener See in Hokkaido, der wilden Nordinsel Japans, und man kann sich hier vor Bären relativ sicher fühlen (was für mich eine große Erleichterung war, denn ich hätte mir niemals verziehen, im 21. Jahrhundert auf meinem Grabstein lesen zu müssen: Hier liegt Gert Anhalt. Er wurde von einem Bären gefressen). Anders als die großen Tourismuszentren der Insel ist der See nicht so leicht erreichbar. Nur eine nicht sehr gut ausgebaute Straße führt aus der Ebene unweit der Städte Obihiro und Kushiro hinaus durch eine Berglandschaft, über die ich leider nicht viel sagen kann, denn die war bei meiner Ankunft verschlungen vom Nebel. Hier gibt es – jedenfalls bisher – mal keine Luxushotels mit 1000 Betten und kein Spaßbad mit 14 Pools, sondern nur drei oder vier Herbergen in einer kleinen Bucht genau gegenüber dem Lippenberg. Der heißt so, weil seine Kuppen, wenn sie sich im Wasser spiegeln, die Form eines Mundes haben.

1 Die Felsen am Strand von Jodogahama bilden eine idyllische Kulisse für ein kleines Picknick und Erholung am Wasser. **2** Romantische Morgenstimmung am Lippenberg.

Register

Am Tempel Yamadera in Yamagata: *Hotei*, eine der sieben Glücksgottheiten ist zuständig für Reichtum und für Kindersegen.

Impressum

Autor und Fotograf:
Gert Anhalt, geboren 1963 in Bad
Wildungen, Studium der Japano-
logie in Marburg und Tokyo, seit
1993 Korrespondent beim ZDF
in Beijing, seit 2000 in Tokyo.
Krimiautor unter dem Pseudonym
Raymond A. Scofield. Fotografiert
seit seiner Kindheit und fand in
Japan die Motive, die sich nicht in
Worte fassen lassen.

*Für das leidensfähige und
gefahrenerprobte Team des
ZDF-Studios in Tokyo:
Christine, Toby, Fuyuko, Lilo
und Ota-san.
Und für Ikuta Koshin, der uns
nie verlassen hat.*

Einbandfotos:
Vorderseite: Der *mikoshi* des
Torigoe-Matsuri (großes Bild).
Geishas beherrschen die hohe
Kunst der Mimik und Gestik, der
»durchlöcherte Felsen« von
Kamaishi, aus dem Sushi-Sorti-
ment: Gurkenstücke mit Seetang,
(oben, von links nach rechts).
Rückseite: Der Fuji-san in einem
japanischen Foto-Kunstwerk des
fast blinden Makoto Aikawa.

Seite 1: Opfergabe vor dem
großen Buddha von Kamakura.

Die Karte auf der hinteren
Einbandklappe zeichnete
Astrid Fischer-Leitl, München.

Bildnachweis:
Makoto Aikawa, Tokyo: S. 28/29
und Rückseite
Christine Anhalt, Tokyo, S. 28 o. M.
Toby Marshall, Tokyo: S. 50/51,
Porträt des Autors.

Alle anderen Aufnahmen stammen
von Gert Anhalt, Tokyo.

Unser Gesamtverzeichnis finden
Sie unter www.bucher-verlag.de

Lektorat: Joachim Hellmuth
Textlektorat: Kristin Bamberg,
München
Graphische Gestaltung:
Werner Poll, München
Herstellung: Bettina Schippel
Technische Produktion:
Repro: Repro Ludwig, Zell am See
Printed in Italy by Printer Trento

Alle Angaben dieses Bandes wurden von den Autoren sorgfältig
recherchiert und vom Verlag auf
Stimmigkeit und Aktualität geprüft.
Allerdings kann keine Haftung für
die Richtigkeit der Informationen
übernommen werden. Für Hinweise und Anregungen sind wir
dankbar. Zuschriften an den
C. J. Bucher Verlag,
Produktmanagement,
Postfach 80 02 40,
D-81673 München.

Die Deutsche Bibliothek –
CIP Einheitsaufnahme
Ein Titeldatensatz für diese Publika-
tion ist bei Der Deutschen Bibliothek erhältlich.

© 2005 by C. J. Bucher Verlag
GmbH, München
Alle Rechte vorbehalten
ISBN 3-7658-1482-2